古代東北統治の拠点
―多賀城―

進藤秋輝

【目次】

第1章　多賀城とは……4

第2章　城柵のはじまり・郡山遺跡……10

1　律令国家の東北支配策……10

2　東北初期の柵・Ⅰ期官衙……15

3　藤原宮期の柵・Ⅱ期官衙……24

第3章　多賀城の創建と政庁……28

1　東北支配の進展……28

2　多賀柵の設置……31

3　多賀城の構成……34

4　政庁の変遷……36

5　政務と儀式・祭祀……51

第4章　官舎が建ち並ぶ曹司域……53
1　曹司域の外郭……53
2　門と道……58
3　さまざまな官舎……64
第5章　政治都市・国府域……75
1　多賀城南側の街区……75
2　国司の館……78
3　郡の出張所・下級役人の住まい……83
4　さまざまな祭祀遺物……84
5　多賀城廃寺……86
第6章　多賀城の終焉……89

装　幀　新谷雅宣
本文図版　松澤利絵

第1章　多賀城とは

仙台平野の要

東北地方最大の平野、仙台平野（図1）。太平洋にひらけた仙台湾にいく筋もの大河川が流れ込み、流域に広大な平野をつくり出している。「ササニシキ」「ひとめぼれ」などのブランド米を生みだした国内有数の穀倉地帯でもある。

この仙台平野は、松島丘陵を境に北側の仙北《せんぼく》平野、南側の宮城野《みやぎの》海岸平野に分けられる。仙北平野は北上川《きたかみがわ》流域の栗原《くりはら》平野や鳴瀬川《なるせがわ》流域の大崎《おおさき》平野などで構成され、宮城野海岸平野は仙台市をふくむ狭義の仙台平野および名取川《なとりがわ》から阿武隈川《あぶくまがわ》のあいだの名取平野、阿武隈川から南の亘理《わたり》平野などで構成されている。

そして、この仙北平野と宮城野海岸平野の境、要の位置に多賀城《たがじょう》跡はある。

現住所は宮城県多賀城市市川《いちかわ》・浮島《うきしま》、ＪＲ東北本線の国府多賀城駅のすぐ北側になる。東北本線は首都圏から一路北をめざして進むが、仙台駅から進路を東へと変え、仙台平野の低地を

図１ ●仙台平野と多賀城
東北地方最大の平野、仙台平野の要の位置に多賀城はある。

図 2 ● 多賀城跡全景
多賀城跡は標高 4m の沖積地から北東隅で高所となる比高 45m の低丘陵に立地する。中心部に政庁があり、周囲を築地塀で囲み、南門・東門・西門があった。東南 1km に多賀城廃寺がある。

進み、松島で有名な塩竈《しおがま》市の海岸近くを通ってまた北上する。多賀城跡は、この塩竈市の手前、塩竈方面から南西にのびる丘陵の先端にある（図2）。仙台平野と海が一望できる場所である。

「多賀のとりで」

この地に城郭らしい遺構と「多賀城碑」（図3）のあることは古くから知られていた。江戸時代の一六七七年（延宝五）ごろに成立した「仙台領古城書立之覚」には、多賀城は東西五〇間、南北五六間で、大《おお》野《のの》朝臣《あそん》東人《あずまひと》の奥州国《こく》司館《しゃかた》と記されている。現在の発掘成果からみると、多賀城のなかでも中心部の政庁《せいちょう》だけを多賀城跡とみなす認識であった。また一七七四年（安永三）の『市川村風土記御用書出』には、本丸、二の丸、三の丸という文字がみ

図３ ● **多賀城碑**

日本三古碑のひとつ。国指定重要文化財。上部中央に都に向けて建つ題額にあたる「西」、ついで平城京、蝦夷、東海道端国の常陸、東山道端国の下野、渤海国の蔑称靺鞨国の国境までの里程を記す。さらに多賀城が大野東人により、神亀元年（724）に建置され、天平宝字六年（762）に藤原朝獦が修造したこと、最後に年月日を記す。

られ、近世城館という認識であった。

近代になると、多賀城の認識はがらっと変わる。ここに一枚の絵がある（図4）。高台の砦《とりで》から古代の武人が弓をかまえ、一人が遠方を望んでいる。砦の下には枯木を重ねて防御している。この絵は、一九四三年発行の国定教科書『初等科国史　上』に掲載された挿絵「多賀のとりで」である。大和朝廷から派遣された武人が勇ましく「化外《けがい》の民」蝦夷《えみし》の地を征服するイメージである。それは広くアジア地域に進出した戦時日本の政策と合致した歴史観であった。

この史観形成には、内城を「牙城」とよび、要塞堅固な軍事的な砦と規定した大槻文彦の「陸奥国府所在地考」や、上田三平が一九三〇、三一年におこなった秋田県払田柵跡《ほったのさく》と山形県城輪柵跡《きのわのさく》での「柵木《さくぎ》」の発見が大きな役割を果たした。明治時代から発掘調査がはじまる昭和三〇年前半までの多賀城観は、まさに多賀城を蝦夷制圧のための軍事的な砦とみなすものであった。

図4●「多賀のとりで」
1943年発行の国定教科書『初等科国史　上』に掲載された挿絵。戦闘のための砦のイメージである。

実態の解明にむけて

こうした認識のためか、多賀城跡は一九二二年一〇月一二日に国史蹟に指定されたが、敗戦後の一九四八年にGHQの指示で指定解除がおこなわれた。しかし、一九五〇年に成立する文化財保護法でふたたび「国史跡多賀城跡附寺跡」に指定された。

そして一九六一年から、伊東信雄博士を団長とする多賀城跡調査委員会によって発掘調査は開始された。六一、六二年には多賀城廃寺、六三年から六八年にかけて政庁跡の調査がおこなわれた。これらの発掘調査によって、これからみていくように、多賀城はたんなる軍事施設ではなく、政治をつかさどる役所であったことが明らかになってくるのである。

一九六九年には宮城県多賀城跡調査研究所が設置され、現在も調査が続けられている（図5）。調査成果にもとづく史跡整備事業も随所でおこなわれ、いく度かの追加指定を経て、現在の史跡指定面積は一〇七ヘクタールにおよぶ。

本書は、この発掘調査で明らかになった多賀城の実像を、当時の律令国家の政策もふまえて概説するものである。建物の遺構が中心のため、聞き慣れない用語が多いかもしれないが、写真・図版と照らし合わせて読み進めてほしい。

図5 ● 多賀城跡政庁の発掘風景
1969年秋に始まった多賀城跡調査研究所の調査。礎石群はⅡ・Ⅲ期の東楼跡。

第2章　城柵のはじまり・郡山遺跡

1　律令国家の東北支配策

大化改新と陸奥国

日本が律令国家をめざす契機となったのは六四五年の「乙巳《いっし》の変」（大化改新）である。飛鳥板蓋宮《あすかいたぶきのみや》が舞台であった。時の天皇、孝徳天皇は難波長柄豊碕宮《なにわながらとよさきのみや》に遷都し、六四九年（大化五年）までの五年間に、詔《みことのり》によって数々の政策を発布する。

このなかで、地方有力豪族を主体とした国造《くにのみやつこ》の全国的規模での解体、評《ひょう》制《せい》の施行という中央集権的な地方行政への重要な転換がはかられた。これとともに東国支配に関する政策がすぐさま実行に移された。『日本書紀』の六四五年（大化元）八月条には、鈴鹿《すずか》、不破《ふわ》、愛発関《あらちのせき》の三関より東国を八地域に分け、長官《かみ》、次官《すけ》、主典《さかん》からなる坂東惣領《ばんどうそうりょう》を派遣し、人口と土地の調査と武器の収公がおこなわれたことが記されている。

そして、これらの地域に東国国司が派遣され、坂東諸国が成立する。『常陸国《ひたちのくに》風土記《ふどき》』によると、六四九年には常陸国が成立していたことが知られる。常陸国以外の相模《さがみ》、上総《かずさ》、下総《しもふさ》、武蔵《むさし》、道奥《みちのく》、上野《かみつけ》、下野《しもつけ》国の七国も、六四九年までには成立したとみられている。また越国《こしのくに》も六四七年（大化三）に渟足柵《ぬたりのさく》の設置記事があるので、改新後間もなく建国されたとみられる。新政府が坂東諸国の整備と「柵」を拠点にした蝦夷支配をいかに重要視していたかがわかる（図6）。

ちなみに「道奥国」は六七六年（天武五）以降は「陸奥国《むつのくに》」と記される。一〇世紀に成立した『和名類聚抄』では陸奥を「三知乃於久《みちのおく》」と訓じているので、道奥と陸奥は同義であり、六四九〜六七六年に用字変更があったことがわかる。

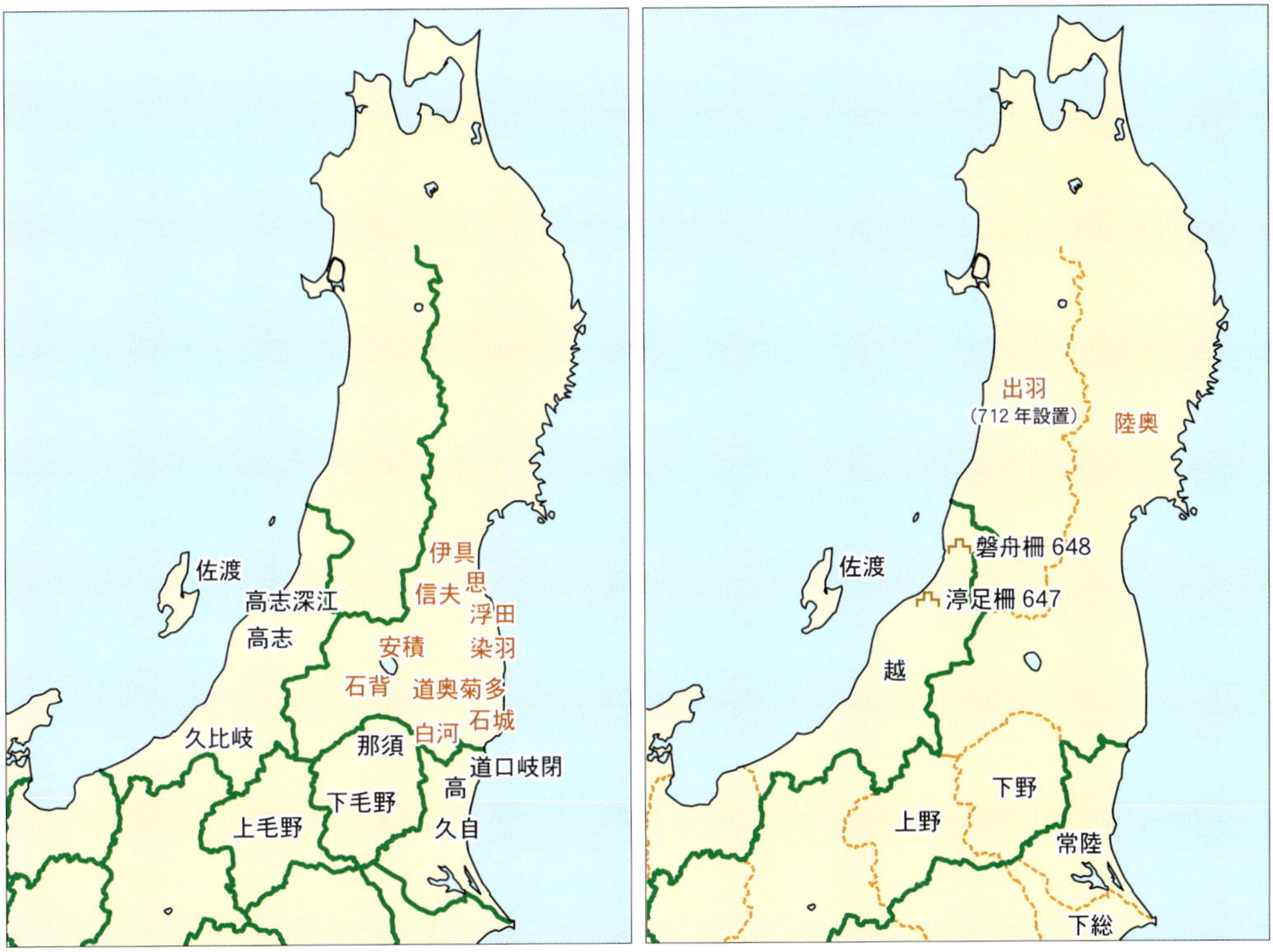

図6 ● 陸奥南半の国造と国の配置図
東北地方では、6世紀前半に国造制が施行され（左）、7世紀中ごろに国が整備される（右）。

さて、陸奥南半の地域では、すでに六世紀前半に国造制が施行されており、『国造本紀《こくぞうほんぎ》』に、浜通《はまどお》りには道奥菊多《みちのくきくた》、石城《いわき》、染羽《しめは》、浮田《うだ》、思《わたり》の五国造が、中通《なかどお》りには白河《しらかわ》、石背《いわせ》、安積《あさか》、信夫《しのぶ》、伊具《いぐ》の五国造が記載されている（図6）。『常陸風土記』によると、これらの国造が六四九年に評制に移行したという（石城評《いわきひょう》は、六五三年〔白雉四〕に常陸国多珂評《たかひょう》から分立）。

そして陸奥国の北半地域、すなわち名取以北から大崎地域は一部評制が施行されたが、支配領域に組み込まれない地域もあった。この地域に「城柵《じょうさく》」が設置されるのである。

城柵の役割

古代律令国家は、東北地方の支配に服しない人びとを「蝦夷」とよび、彼らを体制に組み入れることが、古代を通しての悲願であった。そのため、蝦夷の土地と境を接する辺境国司には、通常の任務のほかに、「饗給《きょうきゅう》、斥候《せっこう》、征討《せいとう》」という蝦夷対策の任務が付加されていた。

饗給は服属を前提とした蝦夷への饗応と褒美の給付、斥候は蝦夷の動静の把握、征討は反乱した場合の討伐である。しかし、国府は一国一府制であり、国府だけで蝦夷に対応するのは不十分であった。そのため、時の情勢を踏まえながら、蝦夷対策の専用施設が設置された。これが城柵である。

城柵は、支配領域の拡大のための拠点施設であることはいうまでもない。これに加えて、新たな郡を生みだす母体でもあった。たとえば宮城県北東部の牡鹿《おしか》郡内に建設した桃生城《もものふじょう》をもとに桃生郡が、伊治城《これはりじょう》を母体として栗原郡が成立しているのはその好例である（図21・30参照）。

さらに、城柵は中央と蝦夷の住む北方世界との交易拠点でもあった。蝦夷世界の良馬、金、鷹、アザラシ・羆《ひぐま》・独犴《どっかん》（山犬の説がある）、海産物の狄藻《えびすめ》（昆布のこと）などは京の王族や貴族が競って追求した特産品であった。

文献にみる柵のはじまり

孝徳・斉明朝（六四五〜六六一年）は、唐・新羅との緊張関係の増すなかでも、東北経営にとくに力が注がれた時代であった。先にみたように、六四七年（大化三）、越国に渟足柵を設置し、城柵に付属する人民・柵戸を編成したこと、六四八年（大化四）にはさらに北に磐舟柵《いわふねのさく》を設置し、越と信濃の人民を柵戸として編成したことが『日本書紀』に記されている。これが文献史料にはじめて北日本における城柵が登場する事例である。

図７ ● 飛鳥の石神遺跡から出土した饗応施設
当時の迎賓館とみられる遺構から、須弥山石（上）や石組池跡（下）がみつかった。

新潟県三島郡和島村の八幡林《はちまんばやし》遺跡の調査では、八世紀前半の遺物にともなって「沼垂城《ぬたりじょう》」と記した木簡が出土しており、渟足柵は沼垂城と用字を変えて八世紀前半まで機能していたことがわかる。磐舟柵も七〇〇年（文武四）に越後、佐渡の二国に命じて、修理されたことがわかっている。

また、六五八年（斉明四）から翌年にかけて阿倍比羅夫《あべのひらふ》が水軍を率いて日本海側から蝦夷を討伐したという『日本書紀』の一連の記事のなかに都岐沙羅柵《つきさらのさく》が登場する。さらにこの時期には、飛鳥川原宮《あすかかわはらのみや》での蝦夷の朝献や饗給の記事も多い。飛鳥の石神《いしがみ》遺跡の調査では、当時の迎賓館跡や蝦夷饗応施設の実態が明らかになってきている（図7）。

当時の律令国家がとった蝦夷支配の方針や対象地域、交渉の仕方は、阿倍比羅夫の四回にわたる征討記事に具体的に示されている。その要旨は、（イ）蝦夷に対して朝献や服属を強要する一方、位階授与、賜給《しきゅう》、饗応など懐柔策がとられたこと、（ロ）生羆の献上などから征夷範囲が秋田、津軽を越え、北海道にまで及んでいたこと、（ハ）征夷の手段が船一八〇艘による水軍であったこと、（ニ）征夷の論功行賞として道奥国司と越国司が同時に位二階を授与されていることから、征夷事業は越国と道奥国との連携による共同事業であったことの四点になる。

越国の三柵の所在地については、渟足柵跡が阿賀野川《あがのがわ》の河口（現在の新潟市王瀬《おうせ》）付近に、磐舟柵が荒川の河口（村上市岩船《いわふね》）付近に推定されている（都岐沙羅柵については不明、図6）が、遺跡はまだ発見されていない。これに対して陸奥国側では、発掘調査で明らかにされてきたこの時期の柵跡がある。仙台市の郡山《こおりやま》遺跡Ⅰ期官衙《かんが》がそれである。

2　東北初期の柵・Ⅰ期官衙

郡山遺跡

郡山遺跡は仙台市太白《たいはく》区郡山二丁目から五丁目にかけて広がっている（図8）。遺跡の北三〇〇メートルには広瀬川が、南一キロには名取川が南流する。造営にあたって、両河川間に形成された自然堤防と背後地が選定されている。

郡山遺跡から出土する瓦を最初に紹介したのは内藤政恒氏である。戦前の一九三八年のことであった。その後、一九五〇年に旧郡山在家浦《ざいけうら》（後でみる付属寺院付近）から大量の瓦が出土し、この場所が官衙の跡であると認識されることになった。

しかし、この瓦は当初、仙台市太白区にあった富沢瓦窯《とみさわがよう》産の多賀城瓦の模倣とみられ、平安時代のものとされていた。そのため遺跡

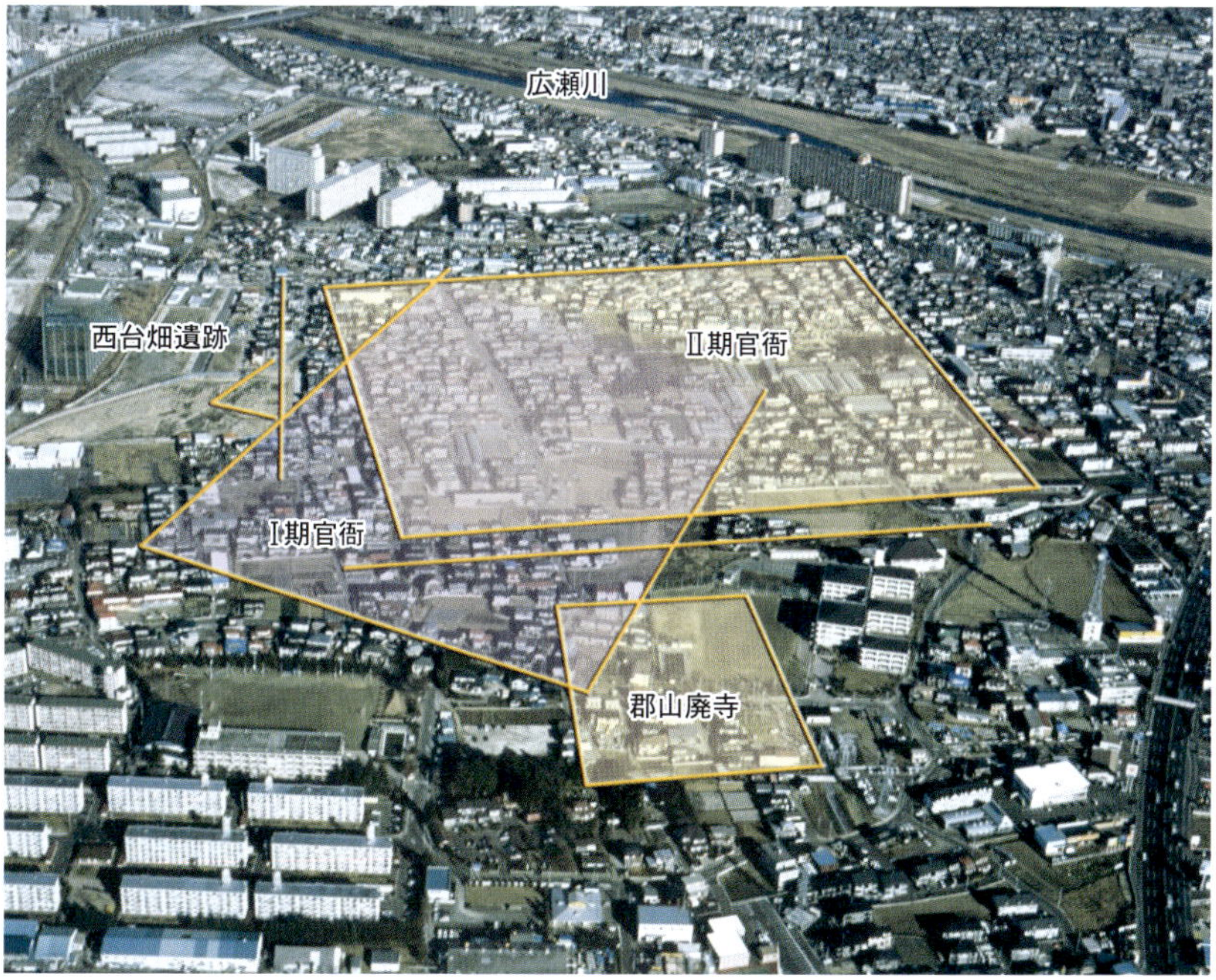

図8 ● 郡山Ⅰ期・Ⅱ期官衙全景（南から）
広瀬川と名取川にはさまれた自然堤防上に立地する7世紀後半唯一の柵跡。
Ⅰ期の建設方位は真北から東に30°振れ、Ⅱ期官衙は真北を向いている。

も平安時代のこの地域（名取郡）の郡家《ぐうけ》（郡の役所）とみられていたのである。その後、筆者がおこなった瓦の検討により、瓦の年代が多賀城をさかのぼる七世紀末から八世紀初頭のものであることが明らかになり、多賀城よりも古い段階の官衙遺跡として注目されることになった。

仙台市教育委員会による発掘調査は一九八〇年から開始され、現在も続けられている。これまでの調査で、郡山遺跡からは、Ⅰ期官衙とそれに続くⅡ期官衙があること、Ⅱ期官衙の南西には寺院が付属すること、遺跡に隣接してⅠ期官衙に先行あるいは併行する特殊な集落が存在することなどが明らかになっている。

移民政策と「囲郭集落」

Ⅰ期官衙内および西隣接地の長町駅《ながまちえき》東《ひがし》遺跡（図9）や北西隣接地の西台畑《にしだいばた》遺跡からは、七世紀中ごろの大集落がみつかっている。集落構成は、長町駅東遺跡では二〇〇軒以上、西台畑遺跡でも一〇〇軒以上の竪穴住居群に、小規模な掘立柱建物群や総柱《そうばしら》倉庫群がともなう。「総

図9 ● 長町東遺跡の囲郭集落跡
竪穴住居群、小規模の掘立柱建物群を材木塀と大溝で区画している。関東系土師器が多く出土し、柵の造営・維持にかかわった関東移民や在地の人びとを集住させた特殊な集落とみられている。

柱」とは、建物の外まわりだけでなく内部にも同規模の柱を立てて床を支える構造をいう。こうした構造の建物は、穀物貯蔵のために床に相当の荷重がかかる高床倉庫などと推定できる。これらの遺跡からは、在地の土器とともに関東系土師器《はじき》が出土するので、関東からの移民の存在がうかがえる。

このうち長町駅東遺跡の一部には、溝のなかに材木をびっしりと立て並べた材木塀《ざいもくべい》（図10）や大溝《おおみぞ》で区画した特殊な集落があり、「囲郭集落《いかくしゅうらく》」とよばれる。これは古代国家の蝦夷統治策のひとつで、坂東諸国や陸奥国南部から公民を移住させて、新たな編戸《へんこ》を創出したものであった。一方、服属した俘囚《ふしゅう》を他国に強制移住させ、蝦夷勢力の分断を図る政策もとられた。

囲郭集落は、このほかにも東松島市赤井《あかい》遺跡（牡鹿郡家）、大和町一里塚《いちりづか》遺跡（黒川《くろかわ》郡家）、大崎市権現山《ごんげんやま》遺跡など（図11）、また官衙が設置されていない北の地域でもみつかっており、官衙造営を前提とした関東地方からの移民集落といえる。

図10 ● **材木塀**
丸太を隙間なく並べて塀にしている。
上部は朽ちて下部だけが残った。

中枢院は政庁

さて、こうした移民集落の成立を前提として、I期官衙がつくられる。

I期官衙は東西二九五・四メートル、南北六〇四メートルほどの長方形で、外周を材木塀や板塀で区画している（図12）。建築方向は真北に対し三〇～四〇度東に振れる軸線を基準としている。

遺構の重複関係から、I期官衙は古段階のA期と新段階のB期に細分される。

官衙構成上の特徴は、材木塀で区画された方形を基調とする中枢院、倉庫院、工房院、雑舎院などの各院を連結・集合させて官衙全体を形成している点である。

図11 ● 郡山遺跡周辺の囲郭集落・城柵・寺院・瓦窯跡群
囲郭集落の分布は城柵や郡家が設置された地域と一致し、律令制の施行範囲を示す。多賀城で用いられた瓦は大崎地方で生産され、おもに河川を利用して運ばれた。国分寺の造営が始まると、瓦生産地は台の原・小田原丘陵に移る。

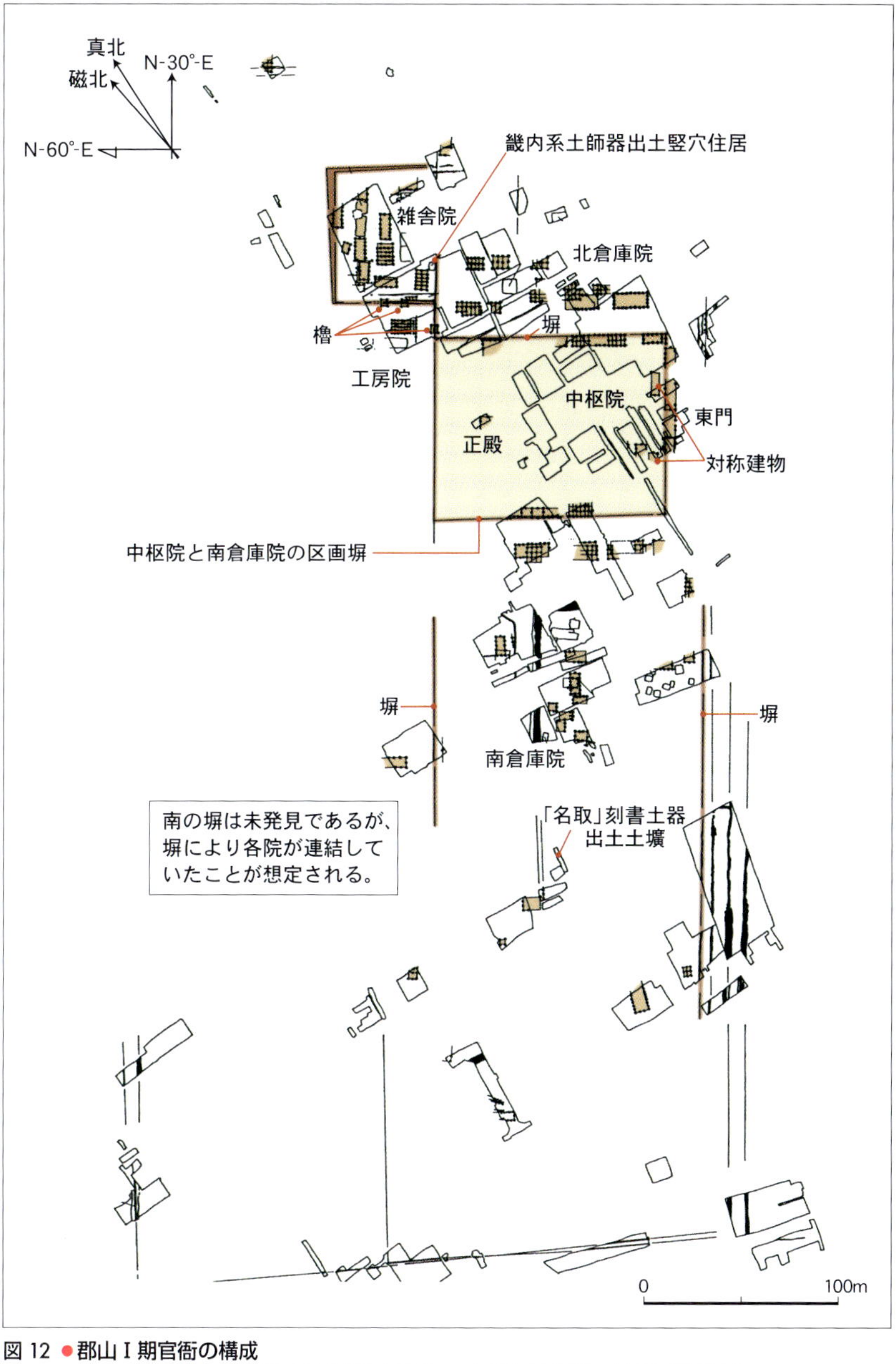

図 12 ● **郡山Ⅰ期官衙の構成**
東向きに全体を材木塀で長方形に区画し、内部も材木塀で方形に区画されている。中枢院、北倉庫院、南倉庫院、雑舎院、工房院などがある。

中枢院は、中央北東寄りにある東西一二〇メートル×南北九一・六メートルを柱列塀と板塀で区画した東西に長い方形をしている。長大な掘立柱建物を院の外周に配置し、東・南・北辺の塀には建物の外側の柱列がとりつく。東塀の二棟の南北に長い建物のあいだに、間口《まぐち》一間（二・五メートル）の棟門《むなもん》（二本柱のあいだに扉をつけた門）がついている。また南塀の中央西寄りと北塀の東隅にも、それぞれ南倉庫院・北倉庫院に通じる簡易な棟門が開く。この門の位置関係から中枢院は東向きであることがわかる。

院内部には、中央西寄りに正殿《せいでん》、東辺内側に対称となる建物がある。院内には竪穴住居は皆無であり、中央部は空閑地として広場を形成していることなどから、中枢院が政庁院であることがわかる。

穀倉と武器工房

A期の特徴として、塀に楼閣風《ろうかくふう》の総柱建物がとりつく点が指摘できる（図13）。これに対して、新段階のB期の塀にとりつく建物はすべて側柱《がわばしら》建物（外まわりの柱だけで構成された建物で、床はなく土間の場合が多い）に限られる。全国の初期の評家《ひょうけ》遺跡をみると、塀にとりつく建物はすべてB期と同様の側柱建物であり、管見では総柱建物の例はみない。

倉庫院は中枢院の北と南に配置され、材木塀で方形に区画されている。北倉庫院・南倉庫院ともA期の倉庫群はすべて掘立総柱倉庫だが、B期には総柱倉庫と、側柱建物を倉庫として利用した「屋《おく》」とで構成されるようになる。B期の南倉庫院では、方形にめぐる溝の内部に多数の「屋」を配置した特殊な一郭がつくられている。

雑舎院は、北倉庫院の西辺を区画する塀を介在して、その西に隣接する東西五一・五メートル×南北六五メートルの長方形の院である。院内には総柱建物、側柱建物、竪穴住居が共存する。やはり、A・B二時期の変遷がみられる。

工房院は雑舎院の南、中枢院の西にある。桁行《けたゆき》六間×梁行《はりゆき》四間の総柱建物がある。また東西九・四メートル以上×南北四・八メートルの細長い竪穴からは、床面の五カ所にフイゴ設置溝をともなう炉がみつかった。そして椀形鉄滓《わんがたてっし》や多量の鍛造剥片《たんぞうはくへん》、フイゴ羽口《はぐち》のほか、製品として鎧《よろい》の小札《こざね》や鉄鏃《てつぞく》が出土している。武器製作用の竪穴工房と推定される。この院にかぎって、東面材木塀に一基、北面材木塀に二基の監視用の櫓《やぐら》が付設されている。

I期官衙こそ東北最初の柵

こうしてみるとI期官衙は、全国の初期の評家遺

図13 ●郡山I期官衙・中枢部付近の建物跡（北から）
手前がIB期・北倉庫院の側柱建物の「屋」。奥に斜め左右に走る溝がIA期・中枢院の北面の材木塀で、材木塀の向こう側にとりつくのが掘立総柱建物。

跡と共通する要素と、後の東北城柵に共通する要素を合わせもつことがわかる。

建築方位が真北でないこと、中枢院における儀式の場としての広場の存在と塀にとりつく建物群の存在、穀倉の存在などは、筑後国の御原《みはら》評家跡、陸奥国の行方《なめかた》評家跡、武蔵国の都筑《つづき》評家跡など、七世紀後半から八世紀初頭の評家遺跡で一般にみられる特徴である。

一方、官衙全体を材木塀で区画するのは他の評家遺跡では例がなく、東北古代城柵で一般的にみられる特徴である。また、初期評家院の規模は五〇〜六〇メートルほどが一般的であるのに対して、郡山遺跡Ⅰ期官衙の中枢院が南北九一・六メートル×東西一二〇メートルと破格に大きい。規模からみれば、八世紀以降の諸国府の政庁や城柵政庁に匹敵する。A期の中枢院の塀にとりつく建物が総柱建物を主体とすることも初期評家院では例がない。武器工房の存在もこの官衙の特徴である。

このようにみると、郡山Ⅰ期官衙は東北初期の柵の唯一の調査例ということになる。その基本的な形態は七世紀第3四半期に一般にみられる評家の構造を外郭区画施設で区画した形であったとみることができる。

柵の名称は、南倉庫院南端の土壙から出土した土師器坏の底部に「名取」と刻書されていた

図14 ● 郡山Ⅰ期官衙出土の刻書土器
土師器坏の底部に「名取」と刻書されている。この遺跡は名取郡内にあるので「名取柵」と想定される。

ことから（図14）、「名取柵」が想定される。存続年代は、雑舎院の東辺南寄りの竪穴住居（A期）から、六六〇年を中心とする斉明・天智朝期の畿内産の土師器（図15）が出土しており、六六〇年ごろを中心とする斉明・天智期から、つぎのⅡ期官衙が始まる七世紀末ごろまでと考えられる。

郡山Ⅰ期官衙こそ、越国に設置された渟足、磐舟、都岐沙羅柵に対応する陸奥国側の名取柵の遺跡とみたいのである。

行政府的色彩が強い施設

さて、越国や陸奥国に初期の柵が設置されるころ、九州の大宰府周辺や瀬戸内海沿岸を中心に、百済や高句麗からの亡命官僚の指導のもとに、唐・新羅連合軍からの防衛のための山城《やましろ》が相ついで築城される。かつては「磐座《いわくら》」として神域説も唱えられていた神護石《こうごいし》についても、佐賀県武雄《たけお》市のおつぼ山神護石などの調査の結果、朝鮮式山城の一種であることが確定した。

図15 ● 郡山Ⅰ期官衙出土の畿内産土師器
内面中央には螺旋状に、立ち上がり部には放射状に、暗文を施してある。畿内産の土師器坏で、7世紀第3四半期を代表する飛鳥Ⅱの特徴を示している。

こうした西日本の山城は、発掘調査の結果、丘陵部外壁を土塁《どるい》、谷部を石塁《せきるい》でふさぎ、城内施設は米を蓄積する倉庫群が占めるという軍事的色彩がきわめて強い「逃込み城」であることが判明している。これに対して東北の城柵は、山城にくらべて軍事的性格が弱く、行政府的な色彩が強い施設といえる。柵と城、言葉は類似するが、その実態は大きく異なるものであった。

3 藤原宮期の柵・Ⅱ期官衙

藤原宮に模した官衙

Ⅱ期官衙は、Ⅰ期官衙を完全にとり払い、真北を建築方位にとって新たに造営された。官衙全体は三重の施設で区画される（図16）。一番内側は東西四二八・四四メートル×南北四二二・七三メートルの東西にやや長い矩形の範囲を材木塀で区画する。この塀の外に幅九メートルの空閑地をはさんで大溝がめぐる。さらに大溝の外に幅五〇メートルの空閑地があり、外溝《そとみぞ》が方形にめぐっている。

全体の規模は一辺五三五メートルの方形をなす。この数値は日本ではじめて条坊制《じょうぼうせい》を採用した藤原宮の一坊の長さに相当する。東西にやや長い矩形をなす内側の塀、大溝の外側に空閑地を有するあり方も藤原宮の構成によく似ているのである。

郭内の建物配置をみると、四面廂付建物の正殿を中心に、その南前面約七〇メートル四方の範囲に二〜三棟の東西棟・南北棟建物が配置される。さらに東西の外側には、楼閣建物はじめとする南北棟建物群が整然と並ぶ。

これら東列と西列の建物群を正殿の中軸線から東西対称の配置とみると、楼閣建物を北におき、これに柱筋を合わせた東西各五棟の南北棟建物が立ちならぶ構成は、都宮《ときゅう》の朝堂院《ちょうどういん》ときわめてよく似た配置になる。官衙内から出土する土器や付属寺院から出土する軒瓦の年代も、藤原宮が存続していた時期に併行する。

蝦夷饗応の施設

正殿の北東には方形石組池（図17）や石敷広場が設けられている。方形石組池は入水溝と出水溝を付設した河原石を垂直に積上げた構造で、飛鳥京で蝦夷を饗応した斉明期の石神遺跡の池によく似ている（図7参照）。池の東に

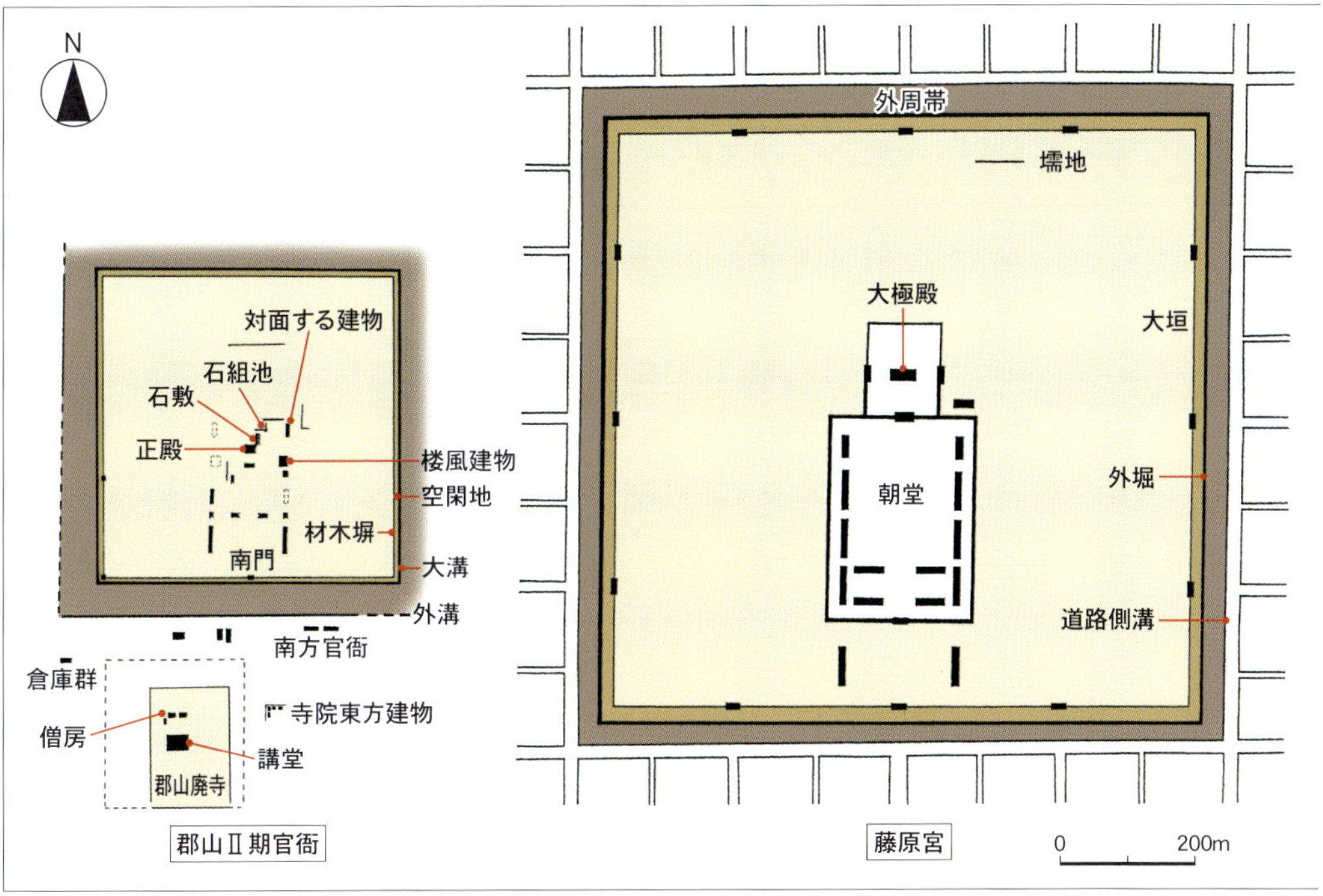

図16 ● 郡山Ⅱ期官衙の建物配置と藤原宮との比較
正殿の北側には石敷広場や方形石組池が、池に対面する場所にも建物がある。蝦夷饗給の施設と考えられる。正殿の南には内廷関係の建物があり、その外側には楼風建物を北に東西各4棟の南北建物が対称に建ち並ぶ。Ⅱ期官衙は藤原宮と区画構成がそっくりで、一辺4町、面積は藤原宮の1/4である。

は池を望む南北棟建物があり、池と一体となって、蝦夷を饗応した建物と考えられる。

また、Ⅱ期官衙の前面には、長大な西棟建物や廂付建物など郭内の主要建物と同等以上の規模をもつ大型建物群が、寺院東方には官人の居宅が、郭外西南には倉庫群がみられる。Ⅰ期官衙にあった穀倉群は官衙内からなくなる。この特徴は多賀柵以降の城柵遺跡に共通する。

このように、Ⅱ期官衙は評家遺跡に似る構成を脱却して、藤原宮の占地や朝堂院の構成をとり入れた、儀式と蝦夷への饗給の役割を端的に示した典型的な城柵政庁（陸奥国名取柵）となるのである。

付属寺院

Ⅱ期になると、官衙の南西に付属寺院（郡山廃寺）が創建される。東西約一二〇メートル×南北一六八メートルの範囲を材木塀で方形に区画し、南辺の三分の一西寄りと北辺の北西隅付近に八脚門《はっきゃくもん》（正面と扉のつく中央、背面に四本ずつの柱を配置した門）をおく。

図17 ● 郡山Ⅱ期官衙の方形石組池
Ⅱ期正殿の北東にある石敷広場の北にある。この池の形と構築法は、飛鳥京で蝦夷を饗応した石神遺跡Ⅲ期の方形石組池の系譜を引くものである。

伽藍配置は北に講堂、講堂東南に塔、南西に金堂を配置した観世音寺《かんぜおんじ》式とみられるが、堂塔建物の細部については不明な点が多い。調査では東西三二メートル×南北一二メートル以上の講堂基壇、推定金堂をめぐる溝跡、講堂北の掘立柱僧房《そうぼう》、南西建物群、東面塀内側の井戸跡などが発見されている。井戸跡からは「学生寺」（図18）、「封附《ふうづけ》」と記した木簡や写経用定規が出土している。

Ⅱ期官衙は国府か

このように郡山遺跡は、評家遺跡との共通性の強いⅠ期官衙にはじまり、Ⅱ期官衙は藤原宮と似た構成で蝦夷饗給の場や本格的な寺院をともなう典型的な城柵として整備される。官衙内からの倉庫院の消滅や寺院の付属は、つぎの陸奥国国府多賀柵に受け継がれる特徴でもある。

このⅡ期官衙は国府であったとみる説もある。『続日本紀』の霊亀元年（七一五）一〇月二九日条に、蝦夷の須賀公古《すがのきみこ》麻比留《まひる》等がいうには、祖先から国府に毎年昆布を貢献してきたが、国府の郭下への道が遠く、往還に一〇日も費やし、辛苦が多い、という記事がある。年代的にもⅡ期官衙と符合する。

図18 ● Ⅱ期官衙付属寺院出土の木簡
「学生寺」は寺号をあらわすものか。国府の付属寺院としての性格が注目される。

第3章　多賀城の創建と政庁

1　東北支配の進展

平城遷都と常設国府の設置

律令国家は進むべき方向を七〇一年（大宝元）に発布した大宝律令で成文化した。国家の実情に合わせた法律体系は養老律令（七一八年〔養老二〕撰定、七五七年〔天平宝字元〕施行）で整ったといわれているが、官人組織や官位についての変更と地方行政で実質的な機能を果した「評」から「郡」への名称変更はすぐ実行に移された。

政策施行で大きな契機となったのが七一〇年（和銅三）の平城遷都をはじめとする一連の政策である。とくに地方行政では、全国的な国府の常設、山陽道を中心とする七道《しちどう》と駅家《えきや》の整備、鈴鹿・不破・愛発などの三関の整備などがあげられる。最近の東山道《とうさんどう》の調査例や諸国の国府跡の調査から、郷里制《ごうりせい》施行段階（七一五～七四〇年）に画期的な造営・整備がおこなわれていることが判明しており、大宝律令の方針が平城遷都を契機に実現していったことが明らかになってきている。

北への支配の拡大

こうした地方行政の整備に併行して、東北地方では支配地域が北へと拡大していく。

『続日本紀』の七〇七年（慶雲四）五月二六日条には、六六〇年（斉明六）の百済救援の戦いで唐軍に捕虜となって抑留されていた陸奥国信太《しだ》郡（信太評）の生壬《みぶ》五百足《いおたり》らが、遣唐大使粟田朝臣真人《あわたのあそんまひと》にしたがって帰国する記事がある。すなわち、六六〇年の時点で、陸奥国信太郡（宮城県志田郡）から徴兵された兵士がいたことを示している。徴兵はその地域に評が設置されることよって実施されるので、七世紀第3四半期には、郡山遺跡よりも北にあたる志田郡（図21参照）をふくむ大崎地方で一部立評されていたことがわかる。

さらに大崎地方では、伏見廃寺《ふしみはいじ》（丹取《にとり》郡付属寺院）、色麻《しかま》一《いち》の関《せき》遺跡（色麻郡付属寺院）、菜切谷《なぎりや》廃寺（賀美《かみ》郡付属寺院）が建立されていた（図11参照）。これら三寺は河原《かわら》石積《いしづみ》基《き》

図19 ● 名生館官衙遺跡Ⅲ期遺構
713年（和銅6）に建てられた丹取郡庁院の遺構。その規模と建物配置は、備後国の三次郡庁（三次市下本谷遺跡）に酷似している。728年（神亀5）に玉造郡に改名された。

壇《だん》による金堂一宇《いちう》の寺院であるという共通性のほか、互いに創建瓦を共有し、三寺とも多賀城創建瓦で修復される、つまり多賀城よりも前に建立されていたという共通した変遷過程をたどる。

伏見廃寺と同笵《どうはん》の軒瓦で葺かれた名生館《みょうだて》官衙遺跡Ⅲ期の遺構は、七一三年（和銅六）に設置された丹取郡の郡庁院とみるに異論がない（図19・20）。とすれば色麻郡付属寺院や賀美郡付属寺院も七一三年前後には存在したことになり、それは色麻郡、賀美郡が成立していたことになる。さらに最近の調査で、富田《とみた》郡家（筆者は大崎市南小林《みなみおばやし》遺跡を推定）、牡鹿郡家（東松島市赤井遺跡）が八世紀初頭の創建であることが判明している。

以上のように、多賀城建設以前の八世紀初頭段階で、多賀城の北の大崎平野でも郡が設置されていたことは確かである。その後、七一五年（霊亀元）には、「相模、上総、常陸、上野、武蔵、下野六国の富民千戸を移して陸奥に配す」と、大規模な移民がおこなわれている。黒川以北諸郡の再整備がおこなわれたのであろう。

こうした律令国家による東北支配の進展は、当地の蝦夷との摩擦を深めることになった。それが多賀城建設の背景にあった。

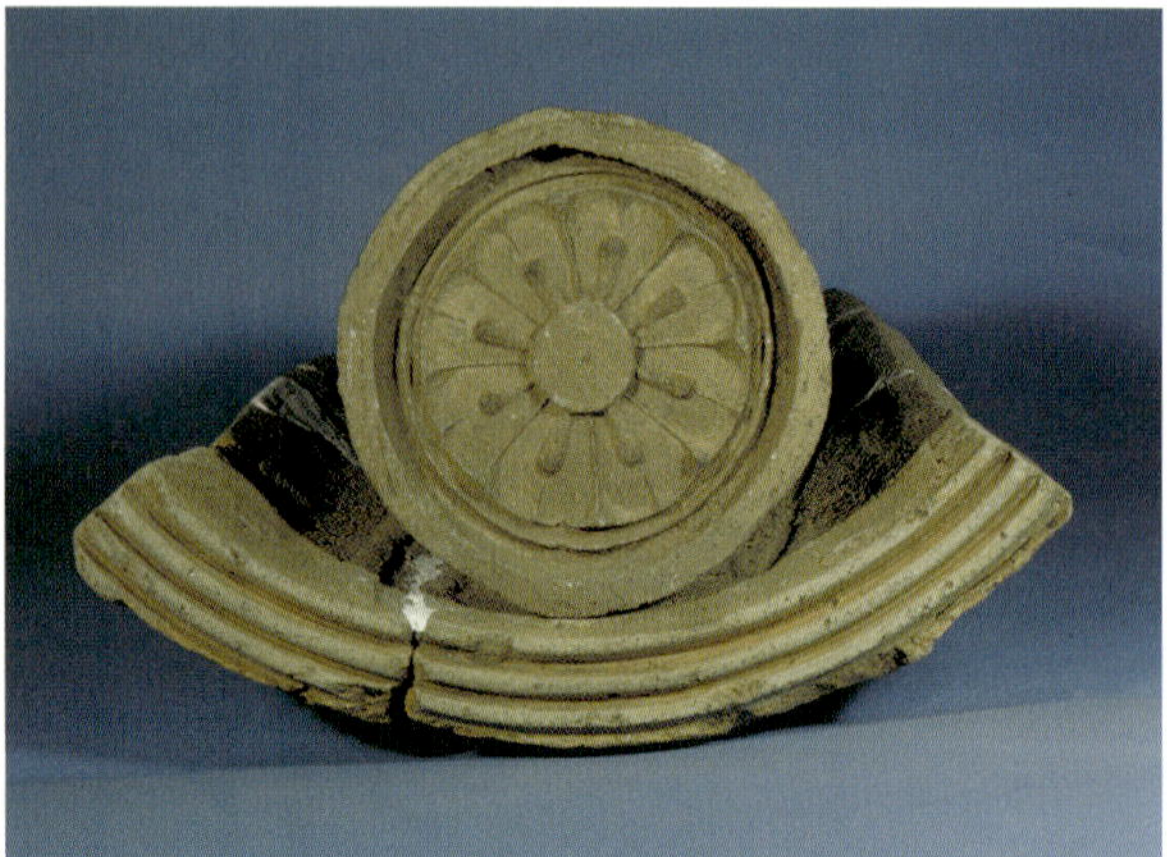

図20 ● 名生館官衙遺跡Ⅲ期遺構から出土した山田寺系軒瓦
山田寺系軒瓦の北限をなす。南西1kmには同一軒瓦で葺かれた金堂の伏見廃寺がある。

2　多賀柵の設置

石城・石背国の分国と再統合

七一八年（養老二）、陸奥国から石城国と石背国が独立する（図21）。陸奥国の石城・標葉《しめは》・行方《なめかた》・宇太《うだ》・曰《わた》（亘）理《り》郡の五郡と常陸国の多珂郡から二百十烟《えん》（烟は戸のこと）を割いてつくった菊多郡をあわせて石城国がおかれる。また、白河・石背・会津・安積《あさか》・信夫郡の五郡を分割して石背国がおかれる。これにより陸奥国の管轄範囲は、名取郡以北の地域となる。

しかし、その後、七二八年（神亀五）には白河軍団が陸奥国におかれ、丹取軍団をあらためて玉造《たまつくり》軍団とする記事があるので、石城・石背両国は七二八年以前にふたたび陸奥国に統合されていたことがわかる。

多賀城の造営はまさに、石城・石背両国の分置から陸奥国へ再統合する間におこなわれる。このことから、石城・石背国の分国は多賀城の造営と密接なかかわりをもった政策によるものとみられる。その理由は、陸奥国の南半地域を分割して独立した国として多賀城建設費の財政負担を求めるためであったとみられる。多賀城創建瓦に「磐城郡進」と記した文字瓦がその負担の事実の一端を物語っている。

多賀柵の立地と選地

多賀城跡の出土木簡によれば、多賀柵は七二一年（養老五）ごろから造営が始まり、七二四年（神亀元）には完成をみたらしい。七三七年（天平九）に「多賀柵」として『続日本紀』に初めて登場し、多賀城碑によれば、七六二年（天平宝字六）までには「多賀城」と改称されている。

『和名抄』によると、当時の陸奥国の国府の所在地は宮城郡であり、多賀城の地が宮城郡内と考えられること、七八〇年（宝亀一一）の伊治公呰麻呂《これはりのきみあざまろ》の反乱記事のなかに「この城が長く国司の治める処」とあること、多賀城碑が遺跡内にあること、政庁の建物配置が国府の一類型とみることができることなどから、創建当初の多賀柵から陸奥国府であったと理解されている。

陸奥国守は、陸奥国・出羽国を広域に管轄する行政官・按察使《あぜち》を兼任し、蝦夷に対する諸軍

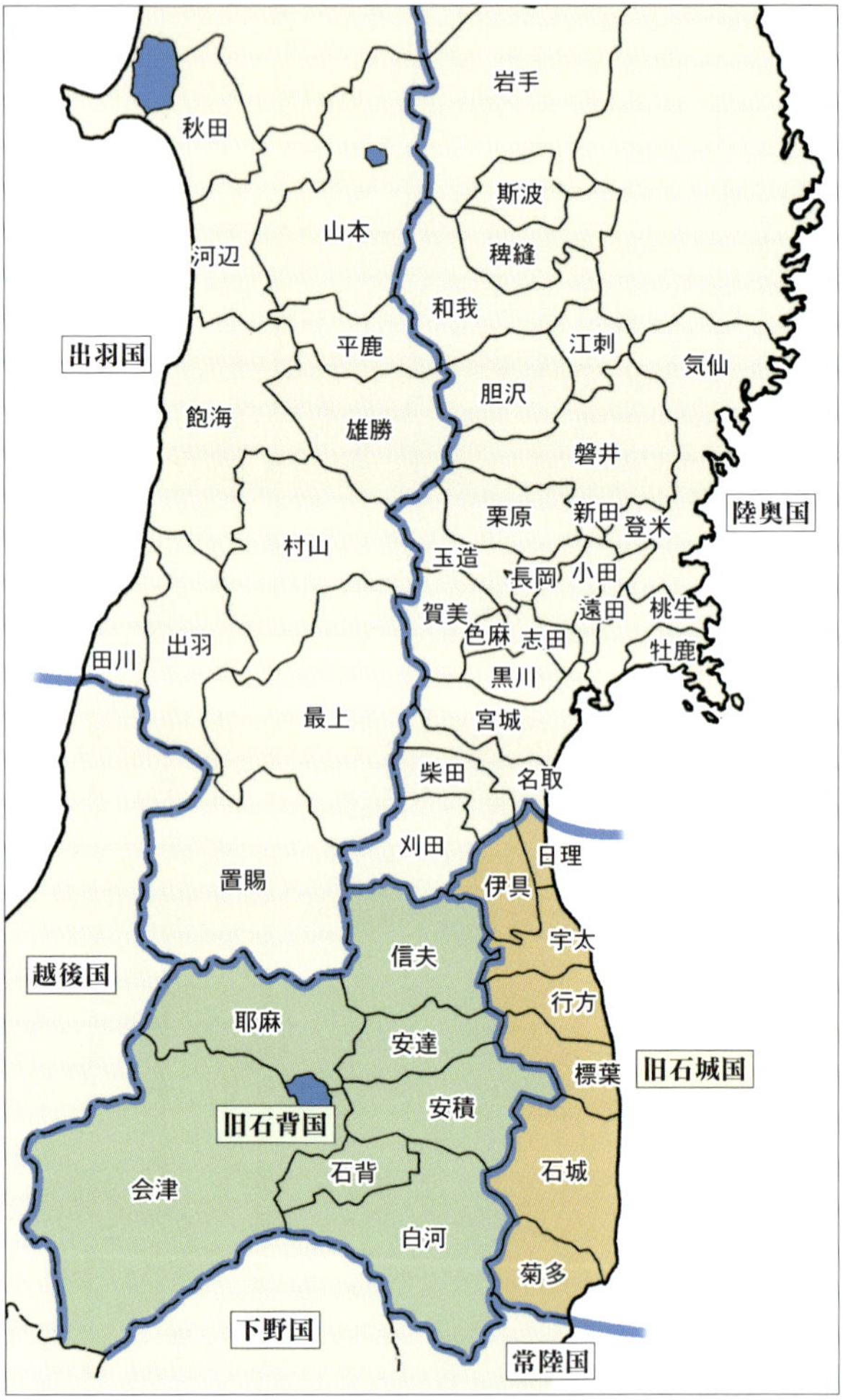

図 21 ● 陸奥・出羽国の郡配置と旧石城・石背国編入郡
伊具郡・安達郡・耶麻郡は編入記事に出てこない。

事政策を担当する機関である鎮守府も併置される（八〇二年〔延暦二一〕に胆沢城《いさわじょう》が建設されるとまもなく鎮守府は胆沢城に移転する）というように、多賀柵は東北支配の拠点として創設されたのである。

その場所は第1章冒頭で述べたように、陸奥国の二大穀倉地帯である仙台平野と北の大崎平野の中間に位置していた。物資の管理・集積に便のよい国府の津（塩竈市香津町《こうづまち》を比定する説が有力）が控えていること、また北上川や鳴瀬川をさかのぼれば、天平五柵（牡鹿柵、新田柵、色麻柵、玉造柵、ほかの一柵の名は記されていない）が設置された大崎地域をはじめ、平安時代に律令制下に組み込まれる胆沢・志波《しわ》（斯波郡）地域まで到達できるという交通・軍事両面の要衝の地であることが重視されたからである。

また、七世紀後半の初期城柵が湊の設置に都合のよい河口付近の沖積地に造営されたのに対して、多賀柵は河川に近い低丘陵をとり込んで立地する特徴がある。これは秋田村高清水岡に移転した出羽柵など、八世紀前半に創建された柵に共通している。新たな柵の設置による蝦夷の抵抗を考慮した結果と思われる。

「多賀」の由来

「多賀」の名称の由来を知る唯一の史料として、王莽鏡《おうもうきょう》とよばれる方格規矩四神鏡《ほうかくきくししんきょう》の銘文がある。いくつかの銘文が知られているが、そのうちの一つに、「王氏作竟四夷服。多賀国家人民息。胡虜殄滅天下復。風雨時節五穀熟。長保二親子力。官位尊顕蒙禄食。伝告後世楽毋亟。大利兮。」という銘文がある。「王氏が中華四周の夷（東夷・南蛮・西戎・北狄）を服従させるために鏡をつくった。その結果、多賀国家の人民が安息した」という内容である。

蝦夷の地を支配する拠点施設として新たに設置する柵名に、鏡の威力と賀が多い国家の安泰を願う瑞名《ずいめい》「多賀」をあてたものと思われる。

3 多賀城の構成

発掘調査の結果、多賀城跡は三つの領域から構成されていたことが判明している。政庁域、曹司《そうじ》地域、国府域である（図22、図2も参照）。

政庁域は、中央の丘陵上に位置する方約一〇〇メートルを築地《ついじ》で区画した一郭である。中央北寄りの正殿を中心に、東脇殿、西脇殿などの主要な殿舎と広場からなる。政庁は、中央への上申文書の決裁の場であり、また蝦夷への饗応や重要な国家的儀礼・祭祀などを執行する場であった。

曹司域は、政庁域の周囲に配置された実務を扱う官衙が建ち並ぶ地域である。政庁周囲の平坦面に、数棟の掘立柱建物群や井戸・工房・竪穴住居などで構成される各曹司が展開し、これらがまとまって曹司域を形成していた。

国府域は、曹司域の周辺に広がる政治的な都市空間である。一九八九年以来の発掘調査で、南前面の様相が明らかになってきた。この地域には、道路網で方形に区画された方格地割《ほうかくちわり》（京都にみるような、東西・南北の道路網によって区画された町並み）が八世紀後半ごろからできはじめ、九世紀には国司館をはじめ、郡関係の施設や官営工房が建ち並ぶ多賀城を支えた都市空間として形成される。

初期の多賀柵の段階から、城柵は築地で区画された政庁域とその周囲に展開する実務官衙群からなる曹司地域で構成され、曹司地域も築地や材木塀などで区画される二重郭の形態になる。この形態は他の国府や郡家にはまったくみられない東北古代城柵の特徴である。

このことは多賀柵を契機として、蝦夷への饗給を主目的とした職掌に加えて、実務行政が重視されていたことを意味する。

図 22 ● 多賀城の政庁と曹司地域
多賀城は、方約 100m の築地で区画した政庁域を中心にして、その周囲に実務を扱う官衙が建ち並ぶ曹司域が広がっていた。これらが外郭の築地塀・材木塀で区画され、南門・東門・西門がみつかっている。なお南側には、第５章でみるように、多賀城を支えた政治都市である国府域の町並みがみつかっている。

4　政庁の変遷

政庁の発掘と時期区分

国府である多賀城で中枢的な役割を果たすのは政庁である。

政庁跡（図23）の発掘調査は、伊東信雄博士を委員長とする多賀城跡調査委員会によって、一九六三年八月一日に開始された。その成果は一九六九年に設立した宮城県多賀城跡調査研究所に引き継がれ、現在も継続して調査がおこなわれている。

調査委員会の調査でとくに注目されるのは、軍事的な土塁《どるい》と考えられていた政庁の区画施設が、平城宮や平安京といった都城で採用されている築地（図24）であったことを明らかにしたことである。この事実が多賀城をたんなる軍事的な砦

図23 ● 政庁域と曹司域
中央の方形に囲まれた場所が政庁（標高30m）。その右下の発掘箇所が城前地区、政庁の右に作貫地区、右上に大畑地区の曹司がある。

ではなく、行政府とみざるをえない大きな根拠になった。

その後、研究所は、整地層や遺構の重複関係の整理し、建築技法の共通性を抽出し、大規模な建て替えを示す瓦群との対応関係、文字瓦の分析、文献史料との整合など検討し、政庁の造営の変遷を明らかにした（図25）。

Ⅰ期が創設された養老・神亀年間ごろ、Ⅱ期が八世紀中ごろ、七八〇年（宝亀一一）の伊治

図24 ● **政庁の築地跡**（西辺の南側）
上：中央の縦に盛り上がったところが築地跡。その左に併行する石組溝は雨落溝。
下：秋田城跡で復元された瓦葺きの築地。板で枠をつくり、そのなかに土を盛り、一層ずつ搗き固めていく。写真で色違いに見えるのは木枠の幅。水平に薄い土層が何重にも積み重なっているのがわかる（右端の木枠は復元の仮止め）。

公呰麻呂の反乱による焼失からの再興をⅢ期、八六九年（貞観一一）の大震災後の陸奥国修理府による修復をⅣ期に設定した。この遺構期区分は現在も多賀城全体の変遷を考える基本になっている。以下、各時期の政庁の構成をみていこう。

Ⅰ期政庁＝七二四年ごろ完成

政庁の建設にあたっては、東西一四〇メートル、南北一五〇メートルの範囲を、東端の崖部分は切出成形し、低い北東部と南西部に盛土をして整地している。とくに低い西南付近には石組護岸が施されている。南端は工事用の材木塀を立て遮蔽している（二条の材木塀については政庁を区画する築地以前の区画施設とみる見解もある）。

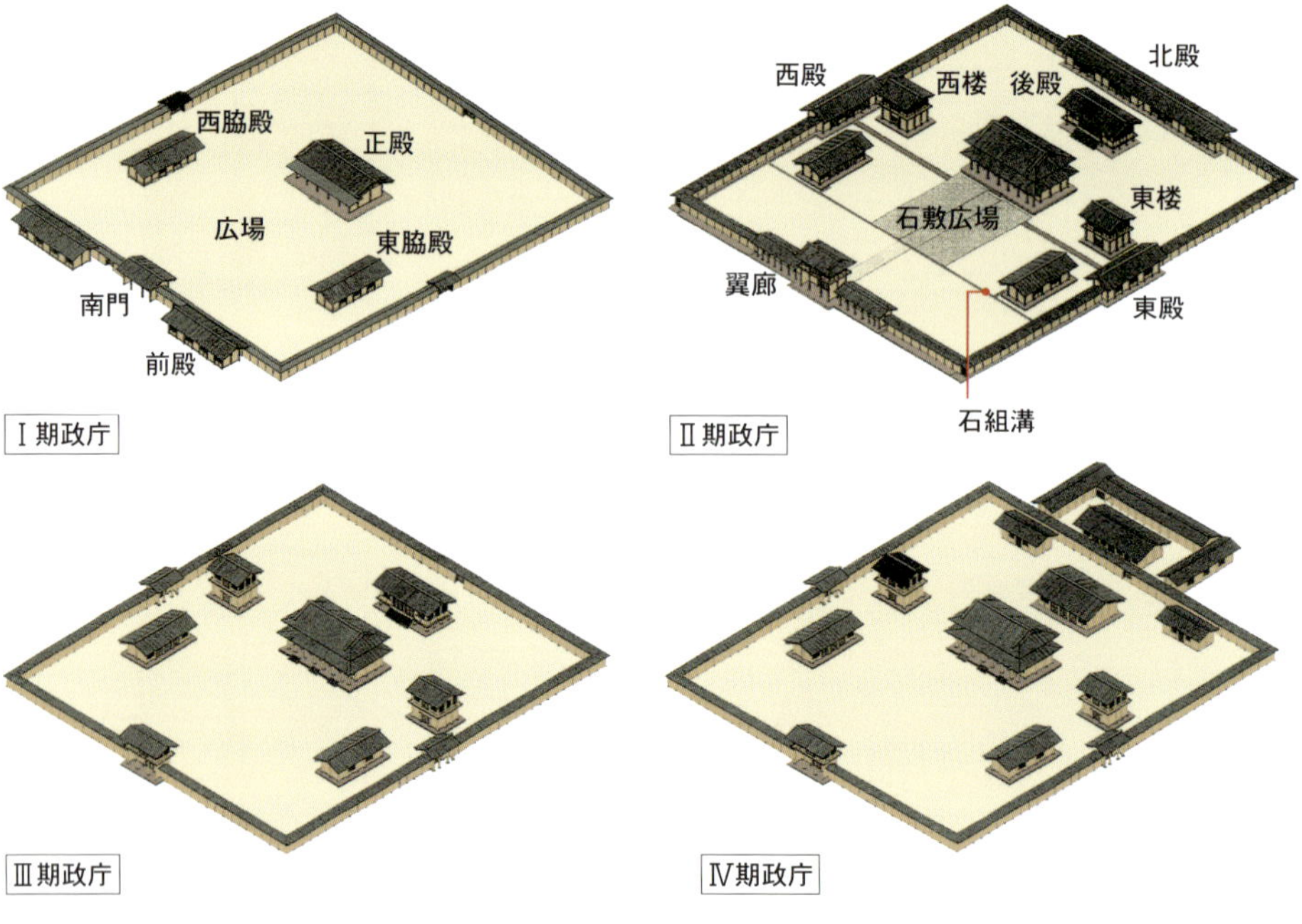

図25 ● 政庁建物配置の変遷

Ⅰ期は正殿、脇殿、広場、南門、前殿からなる。瓦葺き・丹塗りの掘立柱建物で構成される。この建物配置はその後の古代城柵政庁に踏襲される。Ⅱ期は礎石建物に改修され、後殿、東楼・西楼が加わり、四至の築地に建物がとりついて、外観が飾られる。Ⅲ期は築地上の建物がとり払われ、Ⅳ期は後殿の北に陰陽関係の区画が付加される。

政庁中央の北寄りには地山切出基壇(基壇化粧は不明)による正殿、その前面に儀式用の広場、広場の左右に東脇殿と西脇殿が配置されている(図26)。八脚門の南門(図27)の左右からのびる築地は東西一〇三メートル、南北一一六メートルの政庁域を区画している。南門と南面築地の前面には東前殿と西前殿を対称に配置する。これらの建物群はすべて瓦葺きの掘立柱建物であるが、築地は瓦葺きではなかったらしい。

正殿は桁行五間×梁行三間の南片廂付建物である。東脇殿・西脇殿は桁行七間×梁行二間の床張建物で、北二間と南五間の二室に仕切られている。南門から東・西各六メートルの位置には間口二・七メートルの通用門が開く。

図26 ● 多賀城政庁
中央左が整備されたⅡ期の礎石正殿、その右側が儀式用の広場、手前の遺構がⅠ期の西脇殿で、奥が東脇殿、右隅が政庁南門。

建物群は正殿の中軸線を南北基線、正殿の入側柱列《いりがわはしられつ》を東西基線にした一八メートル（六〇尺）の方眼にのるように計画的に配置されている。設計計画位置と建物の現位置との検討から、政庁建物の建設順がある程度推定できる。南門では建設時の誤差により、計画位置より一尺ほど西に寄る。ところが、東前殿と西前殿は正殿と西に寄った南門の中心点とを結ぶ軸線に対称になる。このことは、東前殿と西前殿は正殿と南門ができあがった後に、建物間の中心線を求めて対称に建設されたことを示している。

盛土造成の南端には前述の二条の材木塀が設けられているが、北塀からはまったく遺物が出土しない。南塀の抜取溝からは多賀城創建期の瓦が出土している（図28）。北材木塀は築地内の建物の造営時に、南材木塀は南門前殿の建設にともなって設置された仮設塀とみるのである。

これらと同構造の材木塀は西脇殿の西側柱列と重複し、西側柱によって壊されている。これらを一段階古い政庁の区画施設とみた場合、区画内には位置的に正殿以外には建物がないことになる。この塀を正殿時の仮設塀とみると一貫した解釈ができる。政庁の建物は正殿→東・西

図 27 ● 政庁南門跡
Ⅰ期は掘立柱八脚門、Ⅱ期は礎石八脚門で東西に翼廊がとりつく。780 年（宝亀 11）の伊治公呰麻呂の乱による炎上後のⅢ期は礎石八脚門で再建。各期を通して位置は変わっていない。

両脇殿、門と築地→南門東前殿・西前殿の順で建設されたとみられる。

Ⅰ期の建物配置は、正殿と前面の広場をはさんで東西に各一棟の桁行の短い床張の脇殿を配置するというきわめてシンプルな配置である。この配置は、郡山遺跡のⅡ期官衙が楼閣風建物を含む数棟の建物群を朝堂院風に対称に配置した重厚なものとは隔絶した違いがある。

初期の国府政庁の配置は、和銅年間後半の創建である大宰府都府楼をモデルとした脇殿二棟を特徴とする西海道型、長大な脇殿を東西各一棟配置する中ツ国《なかつくに》型、桁行が短い東西各一棟の脇殿を配置した多賀城型の三類型に大別できることを阿部義平氏が指摘している。多賀城Ⅰ期政庁の建物配置は、出羽国府である秋田城、城輪柵《きのわのさく》跡（井口《いのくち》国府）をはじめ、その後の東北城柵政庁のモデルになっている。三類型のなかでもっともシンプルな多賀柵政庁が、地方の実情にあった常設の陸奥国府として創建されたのである。つまり、多賀城Ⅰ期の配置は、東北古代城柵の政庁配置のモデルを確立した原点となった点に意味がある。

創建文字瓦からみた造営経費負担

これまでの瓦研究から、多賀城創建瓦窯は下伊場野《しもいばの》窯跡

図28 ● Ⅰ期の軒瓦
政庁の主要な殿舎の軒先を飾った八葉弁蓮華文軒丸瓦とヘラ描き重弧文軒平瓦のセット。多賀城特有の力強い文様である。

群（旧松山町）でもっとも早く操業が開始され、ついで木戸《きど》窯跡群（旧田尻《たじり》町）が操業する（図11参照）。政庁の造営ピーク時には下伊場野窯跡群と木戸窯跡群の工人が道具を携えて日《ひ》の出山《でやま》窯跡群に移って造瓦活動をおこなっていることがわかってきた。

　下伊場野窯跡の平瓦は、文字を彫り残した凸型台上に一枚用の布を敷いて調整するため、凹

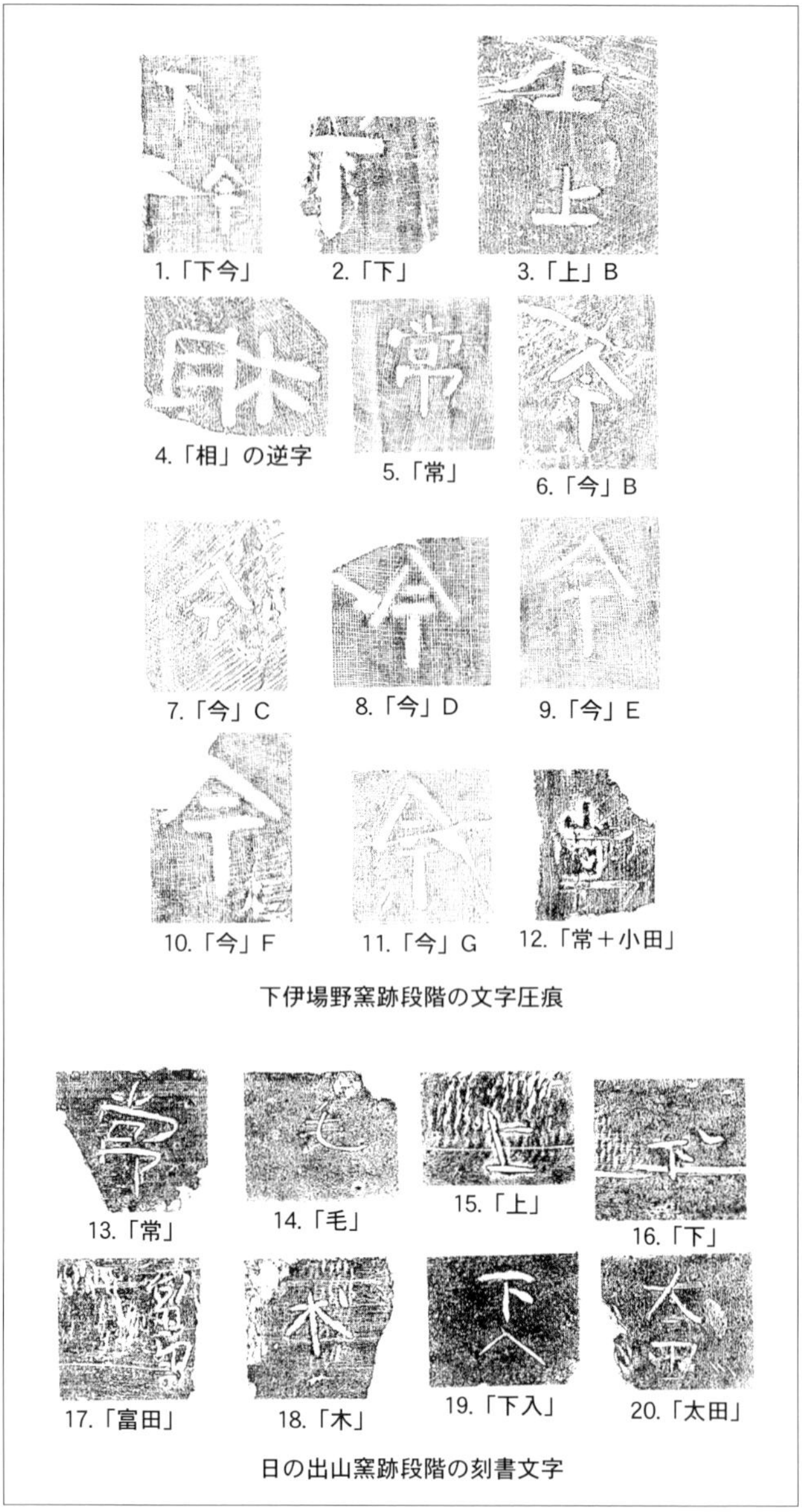

図29 ● 多賀城Ⅰ期の文字瓦
Ⅰ期初期の下伊場野窯跡段階では東海道諸国名の文字がみられる。最盛期の日の出山窯跡段階では東山道諸国と陸奥国内諸郡が負担に加わったことがわかる。

面に布目を介在した文字の圧痕がみられる。文字には「今B型、今C型、今E型、今F型、今G型、常、下今」の七つがみられる（図29）。同様に、下伊場野窯跡の工人が日の出山窯にも ち込んだ型による平瓦にもみられ、「相の逆字、上、今D型、下」の文字がこれに加わる。ところが、日の出山窯では、丸瓦の玉縁部に一字または二字をヘラ書きする新しい記名法があらわれる。文字としては「上毛、毛、上、下、常、富田、木、七、下入、太田」などがある。

これらすべての文字について整合的に理解できる段階にはなっていないが、上毛は上野であり、毛は下野をあらわす。とすると、「上」は上総、「下」は下総、「常」は常陸、「相」は相模の国名をさすとみるのが自然である。「富田」は陸奥国多賀以北の郡名である。これを参考に、創建最古の下伊場野窯跡の文字平瓦をみると、常＝常陸、下＝下総、上＝上総、相の逆字＝相模と読みとることができる。

武蔵国は多賀城創建段階には東山道に属しているので、これらの国名記銘瓦は、すべて坂東の東海道諸国に該当する。異文字間での平瓦の技法に差異がみられないので、文字のもつ意味は、各国の造瓦費用の負担（発注と同意）をあらわしたものといえる。このようにみると、創建初期の段階では東海道諸国が造営費を負担し、造営がピークを迎える段階で、東山道諸国と陸奥国内諸郡が負担に加わったことがわかる。

Ⅱ期政庁＝七六二〜七八〇年

橘奈良麻呂《たちばなのならまろ》の乱を未然に防いだ藤原仲麻呂《ふじわらのなかまろ》は、七五七年（天平勝宝九）七月八日、乱に連座した陸奥鎮守将軍兼按察使の大伴古麻呂《おおとものこまろ》と陸奥国守兼鎮守副将軍の佐伯全成《さえきのまたなり》を更迭して、四男の藤原朝獦《あさかり》を陸奥国守に任命する。翌年には、陸奥国に桃生城、出羽国に雄勝城《おがちじょう》を同時に造営する。そして両城が完成した七六〇年（天平宝字四）に、朝獦は按察使、鎮府将軍、陸奥国守の要職を兼務する。

この段階で、陸奥国府多賀城と秋田城の修造事業が開始される。多賀城碑が顕彰しているように、七六二年（天平宝字六）に多賀城Ⅱ期の修造が完成したとみられる。また、この段階で多賀柵から多賀城へと改称される。

この修造で、政庁は全面的に建て替えられる（図25参照）。正殿と東脇殿・西脇殿は礎石建物となり、新たに東楼・西楼、後殿の礎石建物や石敷広場がつくられる。周囲の築地は寄柱《よせばしら》礎石の瓦葺きに改修され、南門の東西に翼廊、東辺築地に東殿、西辺築地に西殿、北辺築地に北殿が礎石建物で新築され、外観が飾られた配置になる。各建物について簡単に解説しておこう。

正殿は、玉石積基壇上に建てられた桁行七間×梁行四間の四面廂付建物で、基壇南正面と背面に各一基の階段がとりつく。正殿前面の広場は東西二六・四メートル×南北三二・五メートルの河原石敷きの広場にあらためられる。石敷広場の南を画する石組溝は東辺・西辺築地内側の石組溝に接続する。正殿・東殿・西殿から南半の範囲がとくに儀式の場として重点的に整備される。

東脇殿では、基壇構築時に掘込総地業《ほりこみそうじぎょう》（建物の全範囲を深く掘り下げ、その内部を搗き固めて埋め戻し、基壇を築く地盤改良工事）をおこなっている。根石《ねいし》はすべて失われているが、西脇殿の根石から桁行五間×梁行二間の床張建物に復元できる。西脇殿に掘込地業はみられない。正殿東西の東楼・西楼は、桁行三間×梁行三間の総柱礎石建物である。後殿は、二カ所の根石の位置から復元でき、東西四間×南北四間の東西棟総柱建物とみられる。

築地線上に目を転ずると、南門は八脚門、その東西の翼廊は東西六間×南北二間の複廊《ふくろう》である。東殿と西殿はともに桁行七間×梁行二間の建物で、北殿は桁行五四メートルと長大な建物になる。この北殿では、東妻から西六メートルの範囲で屋内全面に焼面がみられ、直径二〇センチほどの炭化した円柱や小杭列がみられる。これに類似する遺構は平城宮内裏《だいり》地区でもみられ、棚など屋内施設を付設した建物（文書庫などの機能）が想定される。

中央政府の威光を示す唐風の建築意匠

Ⅱ期政庁の特徴は、礎石建物の採用と築地を飾る意匠にある。礎石建物の採用は全国的な地方官衙の礎石化への傾向として理解できるし、東楼・西楼・後殿の成立も八世紀中ごろから後半にかけての国府跡の類例から理解できる。

しかし、周囲の築地を建物で飾る意匠は全国の国府跡で例をみない。これについては、天平宝字年間に、平城宮でも東院がつくられ、築地にとりつく瑠璃瓦葺《るりかわらぶ》きの玉殿《ぎょくでん》などが建設されていることから、中央政府の威光を示す象徴として、仲麻呂好みの唐風の建築意匠が現地で採用されたものとみておきたい。

Ⅱ期の政庁建物の甍《いらか》を飾った瓦は、仙台市の台の原・小田原丘陵で生産されている。なかでも蟹沢瓦窯《かにさわがよう》ではロストル付平窯が導入されている。この種の平窯は、七五八年（天平宝字二）に平城京の法華寺阿弥陀浄土院の瓦を生産した音如ヶ谷瓦窯《おんじょがたにがよう》に中国からはじめて伝わった焼成技法といわれているが、時を経ずして導入されている点が注目される。

このⅡ期政庁は、七八〇年（宝亀一一）三月二二日に勃発した伊治公呰麻呂の乱で焼失する。

伊治公呰麻呂の乱と多賀城の焼失

律令国家と蝦夷のあいだでは、七七四年（宝亀五）から「三八年戦争」ともよばれる長い対立・戦闘がつづく。そのなかで最大の反乱が七八〇年の伊治公呰麻呂の乱である。上（伊）治郡の長官に登用されていた蝦夷系の豪族伊治公呰麻呂が、按察使紀広純《きのひろずみ》と牡鹿郡の長官道嶋《みちしまの》大楯《おおだて》を殺害し、さらに南下して多賀城を焼き討ちした。その影響は出羽国にもおよび、雄勝《おがつ》・平鹿《ひらか》二郡が襲われ、秋田城も保ちがたくなるほどの不穏な状況であった。

これに対して七八一年（天応元）に即位した桓武天皇は、長岡・平安京の造営とともに、胆沢・志波の地を支配下に組み入れるために蝦夷討伐を重点政策とする。

蝦夷討伐の軍は何度か敗北するが、最終的に、七九七年（延暦一六）に征夷大将軍に任命された坂上田村麻呂《さかのうえのたむらまろ》によって、八〇二年（延暦二一）に胆沢城が、八〇三年（延暦二二）に志波城が築かれ終結する（図30）。

その後、嵯峨天皇のもとで、文屋綿麻呂《ふんやのわたまろ》による爾薩体《にさて》・幣伊村《へいむら》の征夷がおこなわれるが、志波城は雫石川《しずくいしがわ》のたび重なる氾濫により設置からわずか九年でその役割を終え、八一二年（弘仁

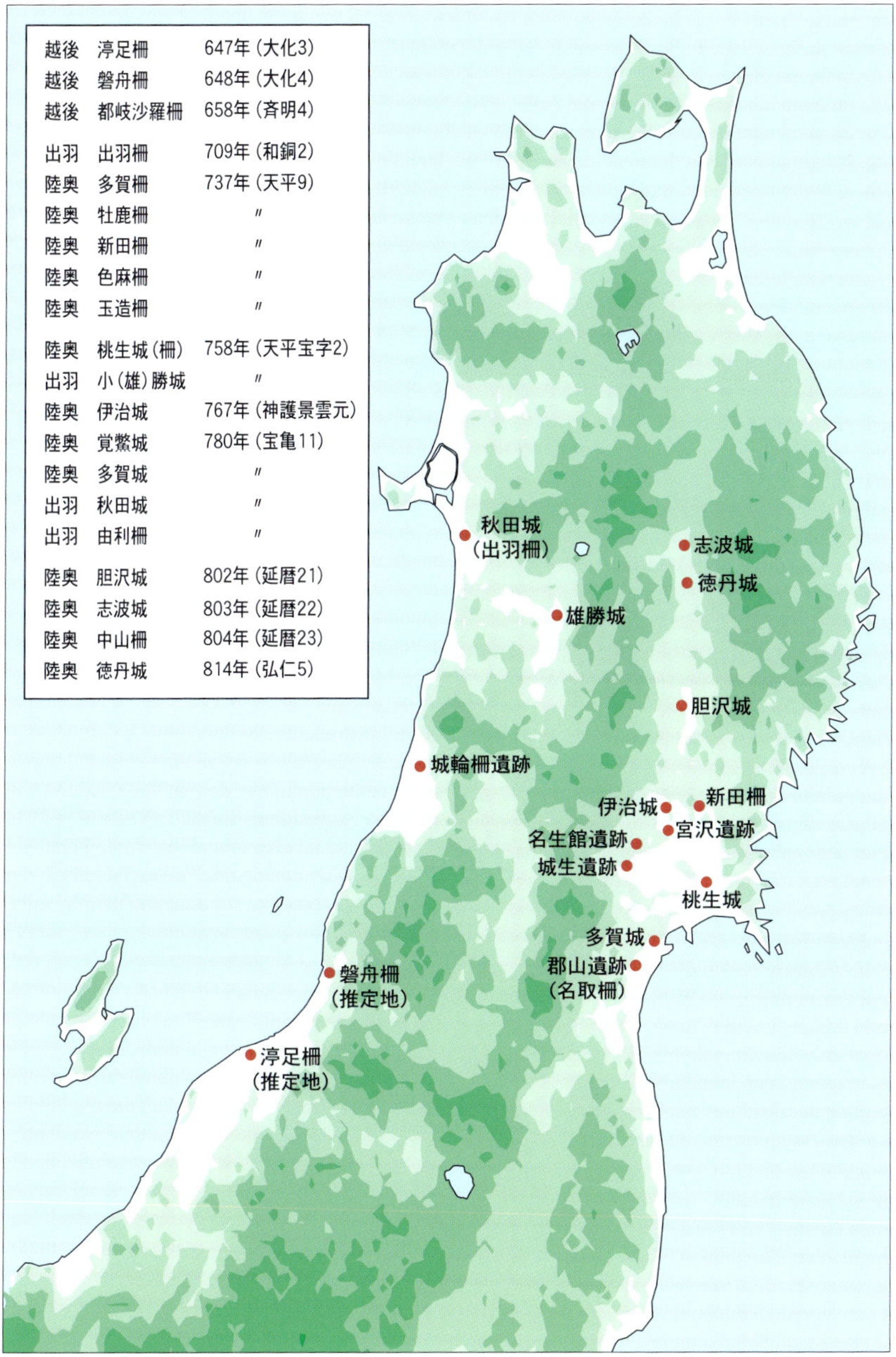

越後	渟足柵	647年（大化3）
越後	磐舟柵	648年（大化4）
越後	都岐沙羅柵	658年（斉明4）
出羽	出羽柵	709年（和銅2）
陸奥	多賀柵	737年（天平9）
陸奥	牡鹿柵	〃
陸奥	新田柵	〃
陸奥	色麻柵	〃
陸奥	玉造柵	〃
陸奥	桃生城（柵）	758年（天平宝字2）
出羽	小(雄)勝城	〃
陸奥	伊治城	767年（神護景雲元）
陸奥	覚鱉城	780年（宝亀11）
陸奥	多賀城	〃
出羽	秋田城	〃
出羽	由利柵	〃
陸奥	胆沢城	802年（延暦21）
陸奥	志波城	803年（延暦22）
陸奥	中山柵	804年（延暦23）
陸奥	徳丹城	814年（弘仁5）

図 30 ● **古代城柵の位置**
左上は文書史料による柵の成立年。場所の不明な柵や成立年の不明な柵もある。

三）ごろには徳丹城《とくたんじょう》に機能を移す。また、藤原緒継《おつぐ》と菅野真道《すがのまみち》による徳政相論の結果、平安京の造営と蝦夷地への勢力拡大政策は中止されることになる。徳丹城は承和年間には機能が鎮守府胆沢城に吸収され、陸奥国は国府多賀城と鎮守府胆沢城の二大拠点を中心に行政がおこなわれるようになる。

Ⅲ期政庁＝七八〇年〜八六九年

Ⅲ期の政庁は、伊治公呰麻呂の乱による焼失後の暫定的な復興（第一小期）と本格的な復興（第二小期）に区分される。

第一小期の政庁は簡易な掘立柱建物で構成される。後殿（三間×二間）、東脇殿と西脇殿（五間×二間）、西楼北西建物（三間×二間）や南門西前殿が建てられる。建設にあたっては本格的復興の設計がこの段階にあったようで、建物建築予定地を意識的に避けている。存続期間は七八三年（延暦二）ごろまでと短期間であったと推定される。

第二小期には礎石建物で新築される。正殿はⅡ期と変わらない四面廂付礎石建物であるが、基壇は南正面に三基、背面に二基の階段がとりつく凝灰岩切石による壇上積基壇に改修される。東脇殿と西脇殿は桁行五間×梁行二間で、広場にむかう中央間三間分に掘立柱による縁がとりつく。内庭側中央三間に縁がとりつく脇殿の形態は、志波城政庁、徳丹城政庁、城輪柵Ⅰ期西脇殿に受け継がれる。

東楼と西楼は桁行三間×梁行三間の総柱建物に、後殿は桁行四間×梁行四間の総柱建物、南門もⅡ期と位置を変えずに再建される。しかしⅡ期の築地にとりついていた翼廊、東殿、西殿、北殿はとり払われ、築地で塞がれる。

この期の瓦（図31）は小田原古窯跡群の与兵衛沼《よへえぬま》窯跡や利府《りふ》町大貝《おおがい》窯跡で生産されている。

Ⅳ期政庁＝八六九年～一〇世紀中ごろ

八六九年（貞観一一）、陸奥国は大地震にみまわれ、多賀城も大きな被害を受ける。Ⅳ期政庁は、陸奥国修理府による震災再興から、国府政庁の機能が終焉する一〇世紀中ごろまでにあたる。遺構は重複関係や建物跡の組み合わせから三小期に区分され、さらに第三小期はa～e小小期に細分される。

第一小期は震災直後の復興で、東西五間×南北二間の掘立柱建物の後殿が建てられる。

第二小期は本格的な造営である（図25参照）。後殿はⅢ期第二小期と同位置・同規模の東西五間・南北四間の礎石総柱建物として再建される。正殿、東楼・西楼や東脇殿・西脇殿など主要な殿舎の配置はⅢ期第二小期と変わらないが、Ⅳ期の瓦が多量に出土することから、屋根の

図31 ● Ⅲ期の軒瓦

細弁蓮華文軒丸瓦と均正唐草文軒平瓦のセット。これらの笵型は長いあいだ保管され、869年（貞観11）の震災後の復興を担った陸奥国修理府に受けつがれる。

葺替え修理は大規模におこなわれたらしい。なお、この期の瓦は小田原古窯跡群の与兵衛沼窯跡・五本松《ごほんまつ》窯跡や利府町春日大沢《かすがおおさわ》窯跡で生産されている。

建物の配置に大きな変化がみられるのは、後殿の北後方地区である。北面築地内の後殿後方に、五間×二間の東西棟掘立柱建物が東西対称に新設され、さらに北面築地外に、七間×三間の大型の東西棟掘立柱建物を主屋として、東・西・北三方を梁行一間の単廊風の細長い建物で区画した一郭が付加される。

これらの建物は同位置で一度建て替えられているが、主屋が最終的に廃絶する際に、柱を抜きとった穴に土器を重ねて埋納した祭祀がおこなわれている。多賀城で建物廃絶時に祭祀をおこなっているのはめずらしい例であり、特異な性格をもつ一郭であったことを推察させる。

第三小期の殿舎配置は第二小期と変わらないが、東脇殿・西脇殿では五間×二間の礎石建物の東西両側に掘立柱の廂がとりつく。廂部分では二度の改修があり、新しくなるにつれ、広廂になる。礎石の身舎《もや》に掘立柱の廂がとりつく例は、平安京の右京三条一坊や平城宮内裏の平城上皇期の建物でもしばしばみられる。

e小小期には桁行六間×梁行四間の南北二面廂付建物の南門西前殿が新設され、南門の東にも桁行二間×梁行二間の小規模な建物が新築される。一方、北面築地内の北西部では相ついで小規模な建物群が建てられ、正殿後方での建物の対称性が失われる。このころには政庁は廃絶にむかう。

5　政務と儀式・祭祀

政務の痕跡

政庁地区からは円面硯と風字硯が多く出土している（図32）。ここが事務決裁の場所であることを示している。風字硯のなかには、中央に直線状の陸をつくり、黒墨用と朱墨用の二面からなる二面硯もある。

政庁の儀式・祭祀

また政庁は中央が儀礼のための空間になっていることから、儀式・祭祀が重要な行事になっていたと思われる。そのいくつかをあげると、「国庁朝賀《こくちょうちょうが》」は元日に政庁で執行された恒例の儀式である。国司が郡司らを率いて政庁にむかって朝拝し、長官が賀を受け、宴が設けられた。蝦夷首長の服属儀礼と饗給もおこなわれたことであろう。

「吉祥天悔過《きっしょうてんけが》」は正月八日から一四日まで、政庁や国分寺で吉祥天を祭り、罪過を懺悔し、罪を消滅させ、国

図32 ● 円面硯・風字硯
円形をしたものが円面硯、下の二つが風字硯。こうした定型の硯は政庁地区から出土する場合が多い。政庁が上申文書などの決裁をする場でもあることを示している。

家の保安を求めた仏教行事である。その修法は、鎮護国家の経である金光明経《こんこうみょうきょう》、最勝王経《さいしょうおうきょう》の転読《てんどく》であった。八四〇年（承和七）正月からは、政庁で執行することが定められた。

陰陽道

Ⅳ期第二・三小期につくられる北面築地外と北西部の建物では、悪霊退散のための呪術的な「まつり」が盛んにおこなわれと考えられる。建物の四境のなかで、戌亥《いぬい》（北西）の方角がもっとも恐れられていたことは、胆沢城政庁北西部で「内神《うちがみ》」（官衙や邸宅の北西隅に祀った神殿）が祭られていたことからもわかる。

鎮守府胆沢城では、国府に赴いて陰陽師《おんみょうじ》から卜占《ぼくせん》を受けていたが、八八二年（元慶六）に鎮守府への陰陽師の配置が許可されている。出羽国でも八七二年（貞観一四）に、また武蔵国や下総国でも中央の陰陽生を陰陽師に任官する記事がこの時期に集中してみられる。こうした点から、北西部の建物は内神や陰陽に関する施設と考えられる。

なお、国学（学校）は曹司域か国府域に想定されるが、多賀城では未発見である。大宰府では曹司域の東端に学校院地区がある。この国学で執行された儀式に「釈奠祭《せきてんさい》」がある。

釈奠祭は毎年の仲春（二月）と仲秋（八月）最初の「丁の日《ひのと》」におこなわれた孔子を祭る儀式である。国司以下、学生以上の者が孔子、顔回《がんかい》（春秋時代末期の魯の賢人）二座を主座とし、閔子騫《びんしけん》（孔子の一〇人の高弟の一人）以下九座を祭った。二月の釈奠後には宴が設けられ、八月には講論と作詩がおこなわれた。

第４章　官舎が建ち並ぶ曹司域

1　曹司域の外郭

外郭線の築地

多賀城の構成上の特徴は、曹司域を明瞭な外郭線で区画していることである（図22参照）。当時、「大垣」とよばれていた。それは基本的に築地（図24参照）である。東辺の南端部や西辺の中央部の沖積地では材木塀が採用されている。

外郭線は段階的に整備されている。Ⅰ期には、南辺の全域と東辺・西辺の丘陵部だけに築地がつくられ、東辺の築地は北の加瀬沼《かせぬま》までのびていた。北辺の丘陵部と東辺の南端部および西辺の中央部の沖積地は素通しの状態であった。

Ⅱ期に、築地は瓦葺き（図24参照）になり、この期の後半に東辺の築地に接続する北辺の築地が一部つくられる（図33）。焼失後のⅢ期の九世紀初頭には、東門付近の築地が位置を変更して新たに構築される。この段階で東辺の南端部や西辺の中央部の沖積地が材木塀でふさがれ、外郭線の随所に櫓がとりつくようになる。

外郭線の築地の工法は場所によってさまざまである。丘陵部の築地でもっとも一般的な工法は、築地山の両側に溝を掘って、幅四メートルほどの基底部をつくり、その中央に築地本体を築く方法である。このほかに基底部をつくらずに地面から直接築くもの（Ⅱ期の北辺築地）や掘込地業を施してから版築《はんちく》（土をわずかずつ入れ、搗き固めながら築く）で基礎を築くもの（Ⅲ期第三小期の東門北築地）がみられる。

多賀城の南正面にあたる南辺の区画施設には、低湿地という悪条件にもかかわらず、築地を採用している。南北幅一五メートル、高さ一・六メートルの土手状の厚い基礎地盤を造成し、その上に築地を構築している（図34）。

基礎の造成手順は、五〇センチ間隔で杭を打

図34 ● 外郭南辺の低湿地での盛土築地
南側は低湿地のため大規模な盛土をして築地を構築している。手前の柱穴は築地にとりつくⅢ・Ⅳ期の櫓跡。

図33 ● 外郭北辺の築地の石積護岸（北から）
北側はいくつかの丘と谷を横断して築いている。河原石を積み上げた谷部の護岸施設とみられる。

ち、これにクリやコナラなどの雑木の枝を巻きつけて「しがらみ」による土留めをする。そして底面に細かな木片や葉を厚さ一〇センチほどに敷きつめ、その上から盛土する。木片や葉を敷きつめる工法は敷葉《しきば》技法《ぎほう》とよばれ、大阪府の狭山池《さやまいけ》の堤防や大宰府の水城《みずき》、韓国の風納土城《ふうのうどじょう》土塁でもみられる土木工法である。

城内からの排水施設

築地には城内からの排水も考慮されている。南辺の東半では内法幅六〇センチ、高さ四〇センチのケヤキ一木刳貫《くりぬ》きの木樋が設置されていた。盛土部分は一枚板で蓋をした暗渠に、城内に出る三メートルは開渠になっている（図35）。

材木塀

材木塀でもっとも一般的な工法は、幅一メートルほどの溝を掘り、丸太材（おもにクリ材を使用）を密接して立ちならべ、土を埋め戻して固定する工法である（図36）。このほか東辺の南端部では、角材を立てならべた塀がある。

また、東辺南端部の地盤の悪い湿地中央部で

図 35 ● **南辺築地下の木樋**
低湿地のため、築地の盛土基礎を造成する際に木樋を設置している。城内の木樋の底は池より 1m ほど高く、それを超える水量を城外へ排出する。

は、枕木を二メートル間隔で塀に直交させて並べ、その上に丸太材や角材を重ねて敷くという沈下防止の基礎地業を施している。その上の材木塀材の下部には方形の穴がうがたれ、腕木を通して基礎地業に固定されている。

一般に材木塀は基部を残すだけのものが多く、全体の高さはこれまで不明であった。しかし、秋田県払田柵跡の内郭北門付近で、完形の廃材が発見された。その長さは四・六メートルもあった。上端から一尺（約三〇センチ）のところに方形のホゾ穴がうがたれていて、この穴に横材を通して固定した塀であったらしい。塀の高さは、地中に埋まる部分を考慮しても、三メートルを越える高い塀であったことがわかる。

外郭線の櫓

Ⅲ期以降の外郭線には、「三八年戦争」の蝦夷との戦闘・緊張関係を反映してか、随所に櫓がとりつく。築地にとりつく櫓は、築地に接して版築した土壇上に構築される場合が多い。東南、北東、北西の各隅など、築地の屈曲部には必ず設置されている。それらを起点に、弓矢の

図36 ● 外郭西辺の材木塀
中央の溝に断面が丸く濃い色で見えるのが材木塀（クリ材）。Ⅲ期遺構の西辺中央部や東辺南端部の低湿地の外郭に採用された。

射程距離の関係からか、ほぼ八〇メートルの間隔で設置されていたようだ（図34参照）。

櫓の規模は桁行・梁行ともに一間のもの、桁行二間×梁行一間のもの、桁行三間×梁行二間のものなどいくつかの種類がみられる。また、築地をまたぐ形態、片側に柱穴を設けて土壇に土居をのせる形態がある。櫓の多くは土壇周囲から多量の瓦が出土する。瓦葺き屋根をもつ構造であったようだ。防備とともに、外観を飾るという意匠的な効果もあったのである。

Ⅳ期第一小期の外郭東門の北東隅の櫓は、土壇の高さが復元できる好例である。この櫓は規模が西妻一間、東妻二間、北側柱三間、南側柱二間で、築地をまたぐ形態の櫓である。築地本体に接して東西五・四メートル×南北三・七メートルの土壇がつぎたされている。この櫓は火災にあっているため、幅八〇センチにおよぶ焼面がみられ、そこが当時の土壇上面と判断された。土壇の高さは地上から一二〇センチほどである。土壇上に土居桁を密に直置きして、土居桁と柱とを連結した構造であったと推定された。

多賀城の櫓は瓦葺きの城櫓の形態が多かったとみられる。ちなみに『三代実録』の八八一年（元慶五）四月二五日条には、元慶二年の蝦夷の乱で焼盗された秋田城の殿舎を列挙した記事がある。それには、「城櫓廿八宇、城柵櫓廿七基、郭柵櫓六一基」とあり、櫓数の単位が城櫓では「宇《のき》」、城柵櫓と郭柵櫓は「基」と異なる単位で記されている。「宇」とされているのは、瓦葺きの櫓であろう。

また、外郭の材木塀にとりつく櫓が東辺の南端部二カ所と西辺の中央部一カ所でみつかっている。いずれも一間×一間の櫓である。材木塀の櫓はこの種の小型のものであったらしい。

2 門と道

外郭の諸門

外郭の門では、南門、東門、西門が調査されている。北門は発見されていない。南門は政庁正殿の中軸線上の南三八〇メートルにある。東西道路が自然地形に合わせて尾根付近を通るため、東門は北東寄りに、西門は尾根を降った西南隅に位置する（図22参照）。

南門　Ⅰ期の南門は、東にのびる築地の北側寄柱延長上にある一個の方形の掘込から推定したものである。これが南門であれば、後の薬医門に似る簡易な四本柱（二本の親柱の背後にそれぞれ控柱を立てる構造）の門が考えられる。

しかし、二〇〇三年に、南門から一〇〇メートル北の位置で、新たに掘立柱八脚門の部分とそれに組み合う区画施設の足場穴とみられる二条の柱列が発見された。この八脚門をⅠ期の外郭南門とみて、Ⅰ期末かⅡ期に外郭南門と築地を現位置に建設したとみる見方もあり、今後

図37 ● **外郭南門**（南から）
築成した基壇上に建っていたが、削平が著しく、礎石の下の根石だけ残る。左下の案内版にあるような八脚門が建っていたと想定できる。

の研究課題になっている。

Ⅱ期の南門は桁行総長九メートルの瓦葺き重層の礎石立八脚門である（図37）。脇間部分に掘込地業をおこない、基壇を造成している。この南門は伊治公呰麻呂の乱で焼失している。

Ⅲ期は、火災直後の暫定的な復興である第一小期には掘立柱の簡易な棟門と塀を建て、正面を遮蔽しているが、第二小期にⅡ期の門から九〇センチほど中心を西に寄せて瓦葺き礎石立八脚門が再建される。西妻柱列に布地業《ぬのちぎょう》（一部の礎石列を掘り下げ、内部を土や礫で埋め固める）をおこない、基壇を築成している。

中心線が西に移動した理由は、政庁から南門に至る南面道路の幅が一二メートルから二三メートルに拡幅されたためとみられる。付近からⅣ期の瓦が多量に出土するので、Ⅳ期には南門で瓦の葺替えがおこなわれたようである。

東門（図38）　Ⅰ期の東門は掘立柱の棟門であった。棟門の北には基底幅二・四

図38 ● **外郭東門**（東から）
右下がⅠ期の棟門とⅡ期の礎石八脚門跡。八脚門の四角に並んだ礎石が見える。左上は整備が完了したⅢ・Ⅳ期の八脚門の跡。真ん中の道路付近にあった築地からなかへ入っている。9世紀初頭ごろに位置が大きく変わった。

メートル以上の築地が接続する。

Ⅱ期には、基壇部分を中心に深さ八〇センチにおよぶ掘込地業をともなう基壇造成をおこない、礎石八脚門となる。基壇西端は底面に平瓦を凹面上位に組んだ石組雨落側溝の東側石を兼ねている。門から北にのびる築地の東外六メートルには、築地に併行する大溝がある。

一方、西の城内には八脚門の妻に合わせた素掘側溝をもつ幅員一〇・五メートルの城内東西道路が造成される。この八脚門も七八〇年の伊治公呰麻呂の乱で焼失した。

Ⅲ期の第一小期は、東門でも簡易な掘立柱棟門が建てられ、「コの字」状に城内に入り込む材木塀で遮蔽する。棟門と材木塀はその後、改築されている。そして第二小期には、Ⅱ期の礎石八脚門をとり払い、この部分を築地で塞ぐ。Ⅱ期の東門は第三小期の東西道路の造成で削平されたらしい。築地の東外四メートルに大溝がある。

第三小期の九世紀初頭ごろには、東辺築地が城内に「逆コの字」状に四四メートルほど引き込み、これにとりつく掘立柱八脚門が新たに建てられる。内折する築地の南隅と北隅には櫓が

図39 ● **外郭西門**（北から）
掘込の穴がⅡ期の掘立柱八脚門、根石がⅢ期の礎石八脚門の跡。左側が城内になる。

付設される。なお、北隅の櫓の積土下層からは奈良時代の城内東西道路がみつかっている。震災後の復興からのⅣ期は、掘立柱八脚門を礎石八脚門で再建する。その間、いく度かの築地や櫓の建て替えがみられる。

西門　西門は外郭の南西にある（図22参照）。Ⅰ期の門についてはよくわからない。東門と同様の棟門であれば、その後の門によって壊されている可能性もある。

Ⅱ期には瓦葺き掘立柱八脚門が新設される。その後、この掘立柱八脚門の柱を抜とり、整地しながら礎石を直置きして、同規模の瓦葺き礎石八脚門に建て替えられている（図39）。礎石抜穴には大量のⅡ・Ⅲ期の瓦と焼土が入っていることから、この門が被災していることがわかる。その後、Ⅲ期には東門と同様に、城内に三五メートル入った位置に掘立柱八脚門が建てられた。Ⅳ期にはふたたび西に移動し、Ⅲ期の礎石八脚門から北に五・六メートルの位置に、瓦葺き礎石八脚門が新たに建設される。

城内道路

東西道路　東西道路は外郭東門から尾根づたいに曲線を描いて、政庁北の六月坂地区を通り、西門に至る幅一〇・五メートルの道路である（図22参照）。東門付近では部分的に砂利敷き舗装がみられる。

西門から城外への道は確認されていないが、城外の微高地に設定された東西大路に接続するとみられる。この微高地上には、五世紀の集落遺跡や方形周溝墓《ほうけいしゅうこうぼ》などが営まれており、古墳時代から使われていた古道を城内道路としてとり込んだものとみられる。一方、東門の約二キロ先は塩竈市香津町（国府津の転訛）に至る。

南面道路　南面道路は政庁中軸線上に設定された政庁南門から外郭南門に至る道路である（図40）。全体的に地形は東が高いため、東側を切土、西側に盛土して路面を造成している。

Ⅰ期の南面道路は政庁が完成し、工事用の仮設材木塀を撤去した後、整地して造成されたことがわかっている。幅は当初一三メートルであったが、Ⅰ期のうちに約一一メートルの道路に改修されている。

Ⅱ期の南面道路はⅠ期路面に盛土整地して造成されたもので、幅は一三メートルに復元されている。西端は一列の河原石を並べて路肩としている。

Ⅲ期の南面道路は、政庁西南を中心に高さ一・八メートルにおよぶ大規模な盛土整地上に造成している。幅は二三メートルに拡幅され、河原石を立て並べた階段が設けられている。傾斜に合わせて調整されたため、踏面幅は一・四メートル～一・八メートルとばらつきがある。蹴《け》

図 40 ● **南面道路**（南から）
政庁から外郭南門に至る。上部中央の縦の石列から右手が道路。Ⅱ期の幅 12m の道路の西側、手前の横の石列はⅢ期の階段。幅は 23m に拡張されている。

上《あげ》（一段の高さ）は二〇センチで、西端は一列の河原石で押さえられている。
道路の盛土整地層には、いずれの段階でも、対応する政庁各期の瓦が混入している。このことから政庁の修造が終わった後に、道路が整備されるという原則がうかがわれる。

道路下の暗渠

政庁南門から約二四〇メートル南の地点では、道路をくぐる暗渠施設がみつかっている（図41）。Ⅰ期には暗渠が二度改修されていて、最初の暗渠は長径三〇〜八〇センチの自然石を側石とし、両側石の天端を合わせ、丸太割材や板材で蓋をした石組暗渠である。この上に盛土して、道路を造成している（第一段階の暗渠）。

その後、暗渠が完全に埋まった後に、同位置に素掘溝に板材で蓋を架けた暗渠に改修される。中軸線の東二メートルには枡が設けられる。枡は東半部は河原石で積み上げ、西側底部には平瓦や丸瓦を立て、上に平瓦や軒平瓦を乗せて空洞部分を造出し、ケヤキの蓋板をかけている（第二段階の暗渠）。枡の西で当初の石組暗渠に水を落と

図41 ● 道路下の暗渠
南面道路の東側から低い西側へ流すためのもの。道路の中央部には石組の枡（マンホール）が設けられていた。

している。

二段階の暗渠が埋まった後に、同位置で瓦組暗渠が構築されている（第三段階の暗渠）。その工程は幅八〇センチ、深さ三五センチの溝を掘り、底面に凸面上位に組み合わせた丸瓦列を東西方向に二条据えて導水効果をあげ、その上に丸瓦を密に敷き並べ、さらに平瓦を重ねて暗渠の蓋としたものである。枡から西は第一段階の石組暗渠が利用されている。

暗渠側石の裏込土《うらこめつち》から一九七点、暗渠埋土から八六点の木簡が出土している。すべて郷里制段階（七一五〜七四〇年）の兵士関係木簡（図42）で、記載内容の検討から、道路造成が七二一年（養老五）四月から七二二年にかけて開始されたことが証明された。

図42 ● **兵士関係の木簡**
暗渠の裏込土や溝の堆積土から出土した。道路造成の年代がわかる。

3 さまざまな官舎

曹司域の各地区

政庁をとりまく城内の平坦地には、さまざまな実務を担った部門＝曹司が展開している。曹司は基本的に数棟の掘立柱建物群で構成され、職掌内容に応じて、これに井戸、工房、竪穴住居などが加わる。これまで政庁東の作貫《さっかん》・大畑《おおはた》地区、北の六月坂《ろくがつざか》地区、西の金堀《かなほり》・五万崎《ごまんざき》地区、南前面の城前《じょうまえ》地区が調査されている（図22参照）。その結果、多賀城の曹司は徐々に整備され、九世紀にもっとも充実した段階を迎えることがわかってきた。

曹司域全体の特徴としては、総柱建物で代表される穀倉が少ないことが指摘できる。これは西日本の山城や徴税を担う郡家遺跡と際立ったちがいを示しており、国府や都宮の曹司に似る。

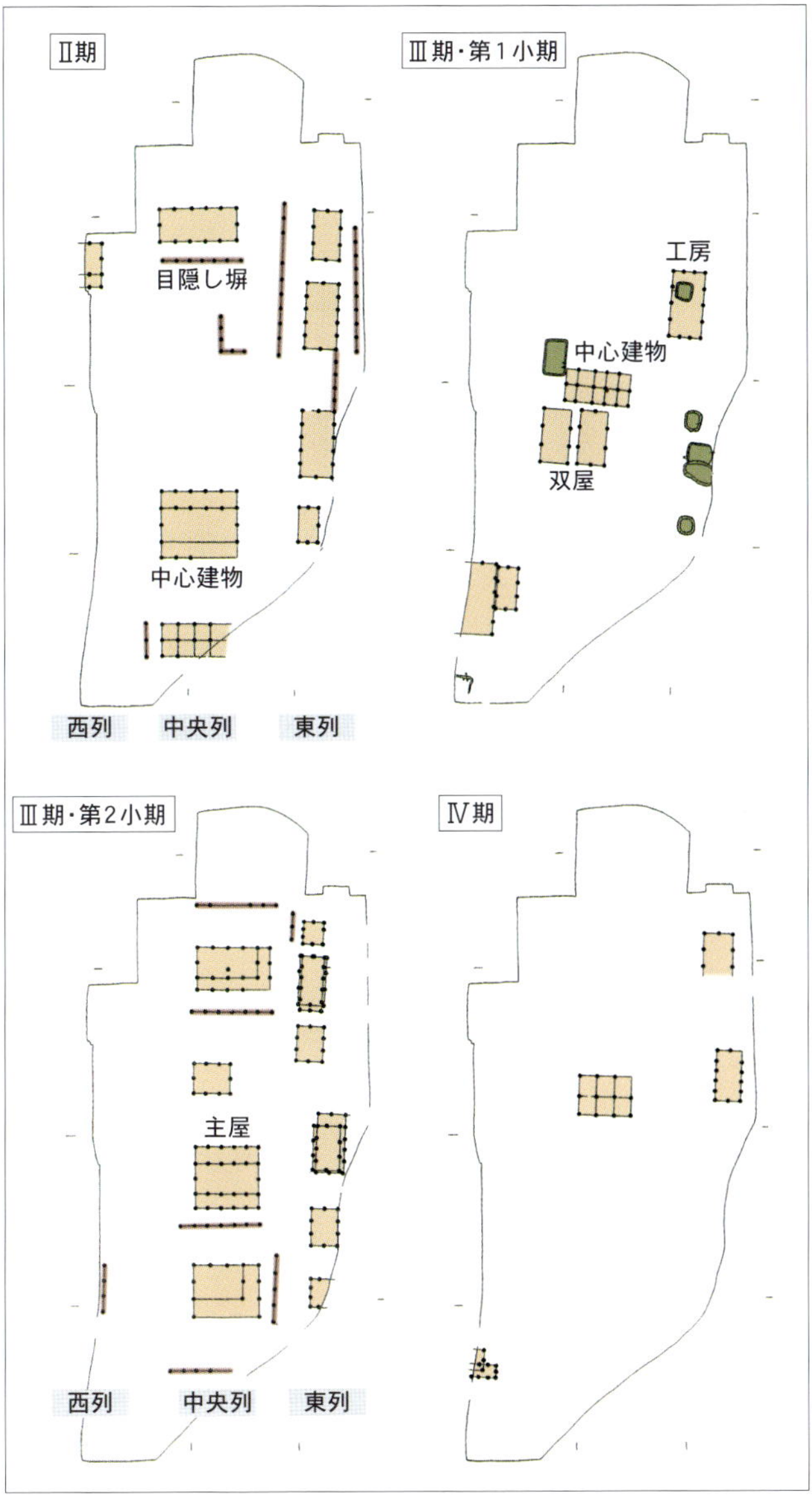

図 43 ● 城前地区の曹司建物変遷図
Ⅱ期の曹司建物配置がわかる典型例。中央列に主要な殿舎を配置し、これに東列・西列の建物群が付属する。そして、火災後の暫定的なⅢ期の第 1 小期に工房ができ配置が崩れるが、第 2 小期にもっとも充実し、Ⅳ期には衰微してゆく過程がわかる。

以下、曹司域の特徴と各地区の様相をみていこう。

Ⅱ期の曹司建物

まずⅠ期では、郷里制段階の多数の木簡などから、曹司の存在が強く推定されるところだが、わずかに竪穴住居がみられるだけで、この期に確定できる建物跡はいまだ発見されていない。

Ⅱ期になると、城前地区で計画的な縦列型建物配置がみられる一方、作貫・大畑地区では、数は少ないながら長大な廂付建物がみられるようになる。

城前地区の縦列型建物配置は、柱筋をそろえた数棟の建物群を一単位として、これを東列、中央列、西列に並べて曹司全体を構成する（図43）。中央列では、桁行五間の両面廂付建物を

図44 ● 作貫地区の曹司建物変遷図
Ⅱ期は長大な片廂建物で構成されているが、配置に規則性はない。Ⅲ期になると、西にある政庁に向く「コの字」型の配置が出現する。主屋と南・北各2棟の副屋は同位置で2度建て替えられており、同じ機能を果たしながら、Ⅳ期まで存続している。

中心に、北に東西棟建物を、南に総柱建物をおき、柱列塀で遮蔽する。東列では、西側柱筋をそろえた南北棟建物四棟が配置され、やはり柱列塀で遮蔽あるいは連結されている。

作貫地区では、南と北に長大な東西棟掘立柱建物が並ぶ（図44上）。北建物は桁行一三間×梁行三間の南廂付建物で、南建物は桁行八間×梁行三間の北廂付建物で東二間分が床張りの建物である。建物群の東側では、八世紀中ごろの須恵器高台坏に蓋をかぶせ、埋納された状態で出土しており、大畑地区でもみられるように（図45）、造営時に地鎮祭がおこなわれたことがわかる。

大畑地区には、掘立柱建物四棟と竪穴住居一一軒がある（図46上）。東門の南一〇〇メートル付近に位置する桁行一五間以上×梁行四間の東西二面廂付建物は城内最大の建物である。この建物の北にも南北棟建物や小規模な建物がみられる。

こうした長大な廂付建物は、曹司の職掌分化が進んでおらず、関連する職掌の曹司を一建物に集めた合同庁舎的な形態であったためかもしれない。

建物が急増するⅢ期

七八〇年の伊治公呰麻呂の乱で焼失して以降、九世紀初頭を契機に、曹司の様相は一変する。多賀城全域が曹司域とし

図45 ● **地鎮の土器**（大畑地区出土）
甕の口に小皿を12枚重ねてのせ、穴を掘り埋納してある。甕のなかには6個の小石が入っていた。

て使われ、建物棟数も爆発的に急増する。桁行が三〜六間程度の短い建物が主体となり、廂付建物は曹司の中心的な建物に限られるようになる。また定型化した建物配置が出現する。

Ⅲ期の城前地区の曹司は、火災後に復興した第一小期と本格的な造営の第二小期に区分される（図43参照）。

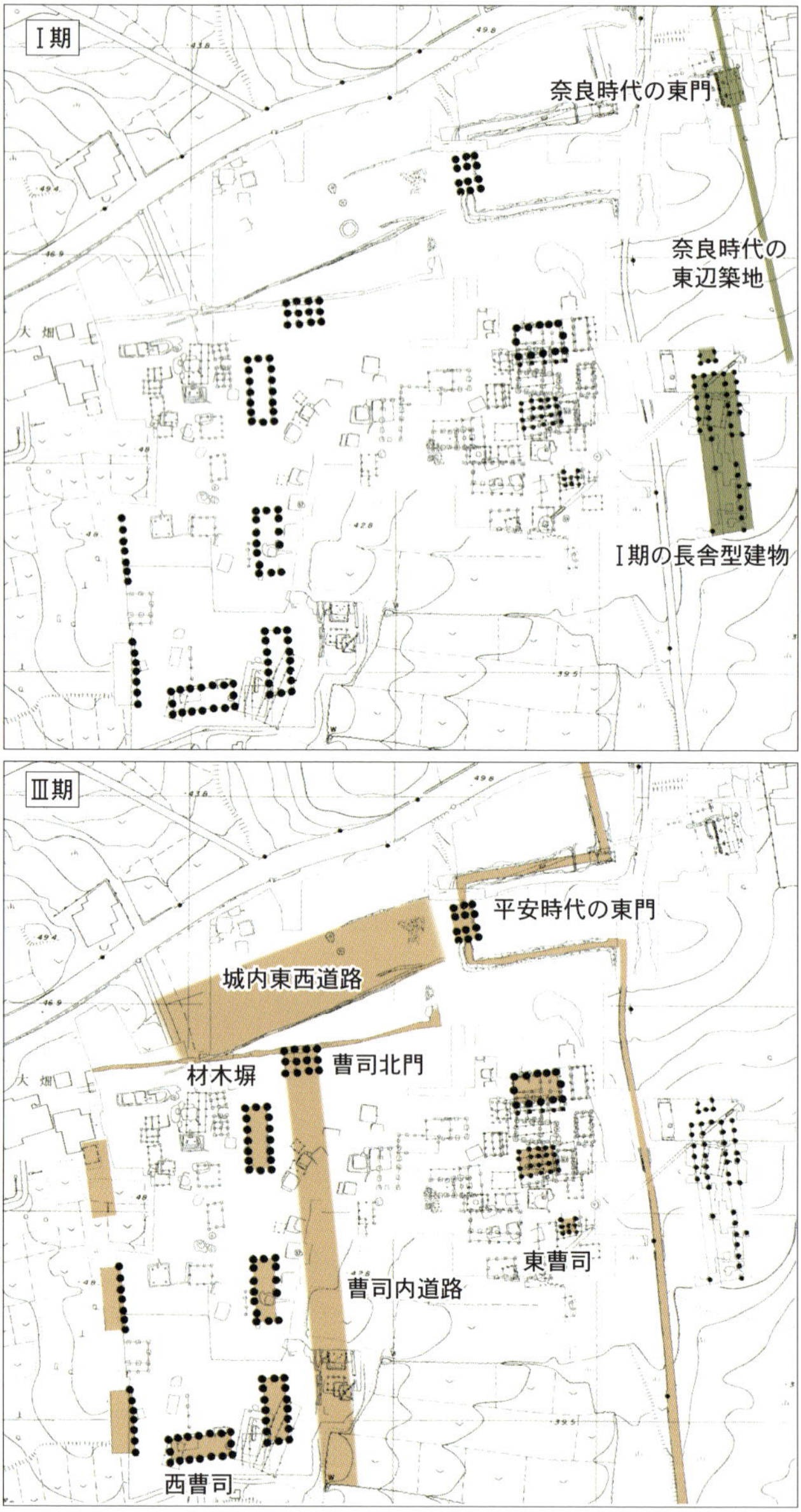

図46 ● 大畑地区の曹司建物変遷図

Ⅰ期の長舎型建物は桁行45mを超す多賀城内で最大の建物跡である。
Ⅲ期には曹司北門からのびる道路で、東曹司と西曹司が成立する。
西曹司には同規模の建物を計画的に、対称に配置している。

第一小期の遺構には建物六棟、竪穴住居三軒と土壙がある。中央の総柱建物を中心に、北東に工房建物、南には柱筋をそろえた双屋《ならびや》、西南に建物二棟を配置する。工房建物は壁際に瓦と石で組んだ暗渠がともない、屋内に六〇×八〇センチの砥石を据えている。付近の土壙からは七八〇年（宝亀一一）九月から七八三年（延暦二年）一〇月までの紀年銘をもつ漆紙文書一〇点が出土しており、復興の期間が推察できる。

第二小期の曹司は、Ⅱ期と同様に、中央列、東列、西列からなる縦列形配置をとる。中央列は西妻柱列をそろえた四棟の東西棟建物からなり、柱列塀で北・中・南の三ブロックに区分される。中ブロックには曹司全体の主屋である南北両廂付建物に小規模な建物が付属する。北ブロックと南ブロックにも柱列塀で遮蔽された二面廂付建物がならぶ。

東列では、西側柱筋をそろえた各三棟を一単位とした二単位の南北棟建物で構成される。部分的であるが、西列でも建物一棟が確認されている。

その後、城前地区では九世紀後半に建物数が激減する。Ⅳ期は、中央の総柱建物（三間×二間）を中心に北東に南北棟建物が二棟、南西に東西棟建物が付属するが、建物配置や規則性は崩れている。

「コの字」型配置の曹司

作貫地区では、九世紀前半には東廂付南北棟建物一棟であったが、九世紀後半に「コの字」型の配置の曹司が成立する（図44下）。政庁に向く五間×四間の東西二面廂付建物を主屋とし、その南と北に柱筋をそろえた同規模の副屋各二棟を対称に配置する。これらの建物は同位置で二回建て替えられていて、職掌を変えることなくⅣ期まで存続したとみられる。竪穴住居はない。

金属工房の竪穴群

Ⅲ期の大畑地区曹司は、建物の方向性や重複関係から三段階に変遷する。

第Ⅰ段階は八世紀後葉から九世紀初頭にあたる。東半部では桁行五間の東西棟二面廂付建物を主屋として、南西と北西に数棟の切妻建物群と井戸をともなう。これに対して、西半部では建物は二棟だけであるが、多数の金属工房関係の竪穴群がある。丁字形《ちょうじがた》利器《りき》、双環鏡板付轡《そうかんきょうばんつきくつわ》、錠前《じょうまえ》、折釘《おりくぎ》、鋲付釘《びょうつきくぎ》、壺金具《つぼかなぐ》、金銅製《こんどうせい》帯金具《おびかなぐ》、金箔などさまざまな金属製品が出土している（図47）。

第Ⅱ段階は九世紀初頭から中ごろにあたる。この時期には外郭東門の位置変更などに連動して大きな変化がみられる（図46下）。

外郭東門の西約五〇メートルには、城内東西道路に面する曹司北門が新設され、この北門から外郭東門にのびる材木塀で曹司の北をふさいでいる。北門からは幅員一〇メートルの曹司内道路が

図47 ● 金属工房関係の出土品
上左から、銅を溶解した坩堝、椀型をした鉄の素材、フイゴの口。
下左から、兵士の必携品であった砥石と鉄製の鎌。

南にのび、道路両側に設置された材木塀で東曹司と西曹司が区分される。

東曹司は、第Ⅰ段階と同様に、廂付建物に切妻建物と井戸をともなう構成だが、三つ以上の曹司単位がみられる。中央の曹司の井戸からは大量の一括土器とともに弘仁一二年（八二一）の具注暦《ぐちゅうれき》、日本最古の仮名文書、天長七年（八三〇）記銘の漆紙文書が出土している。南東寄りには、床面下に放射状に瓦組暗渠を設け、床面数カ所に焼面が認められる鉄製品竪穴工房群がある。

西曹司では、桁行六間×梁行二間の東西棟建物を南に、これと同規模の南北棟建物三棟を東西対称に配置した「コの字」型の曹司が成立する。

兵士の宿舎

しかし、九世紀中ごろから八六九年（貞観一一）ごろまでの第Ⅲ段階には、東曹司と西曹司に区分していた材木塀がとり払われ、曹司北門は約三〇メートル西に移動し棟門になる。西曹司があった場所では建物が極端に少なくなるのに対し、

図48 ● 兵士が使った武器
上から、横刀、毛抜きの大刀、丸木の弓。右側は、弓矢の鏃。
右端は、その形から雁又鏃とよばれている。

東曹司があった場所では掘立柱建物が二〇棟と急増する。

　大畑地区では一時的ではあるが、城内東西道路上やその北の地域をはじめ西曹司地区一帯を多数の竪穴住居群が占める。竪穴住居からは毛《け》抜形蕨手刀《ぬきがたわらびてかたな》、鉄刀《てっとう》、鉄斧《てっぷ》、鉄鏃、鉄製紡錘車、刀子《とうす》、鎌、鉄鍋、砥石など当時の兵士の必携品が数多く出土する（図48）。地震後の復興に従事した兵士や人足の宿舎とみられる。

　その後、西曹司では継続して竪穴鉄製品工房が営まれ、東曹司では多数の建物群が相ついで建てられる。

医学書の断片

　また大畑地区からは、医方書断簡の漆紙文書が出土している（図49）。丸山裕美子氏の解読・考察によると、『集験方《しゅうげんかた》』の「面皰《めんぼう》（にきび）や黒子《ほくろ》の処方」を記した部分という。年代は八世紀のもので、九世紀前半に教科書改定により廃棄されたとみられ、現在散逸のためまったく残っていない集験方の唯一の原本であるという。この地区の職掌を知るためのヒントである。

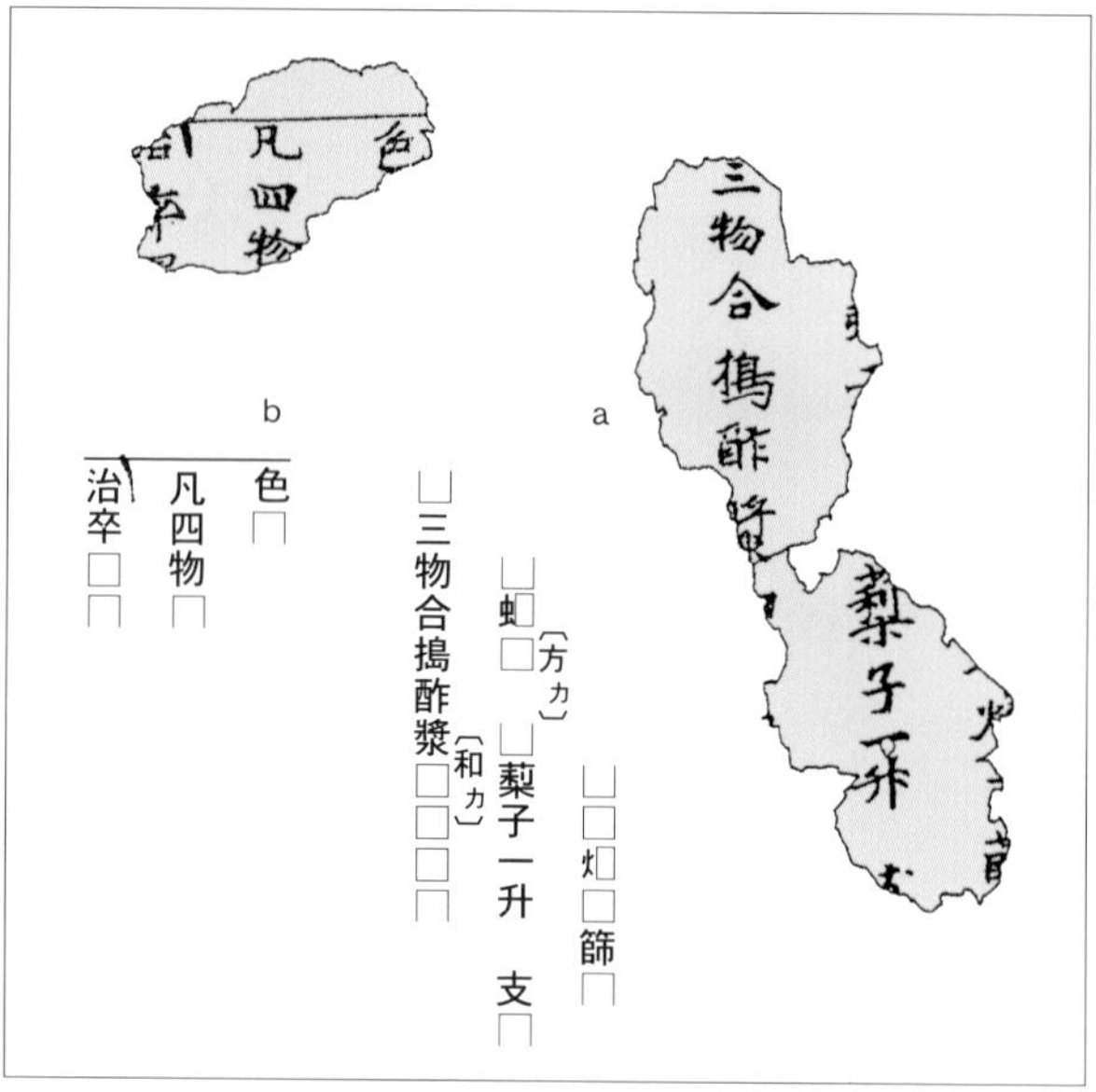

図49 ● 大畑地区出土の医学書集験方断簡
陸奥国府の国医師が中国の医方書を使って講義し、治療もおこなっていたことを示す。律令に定める漢籍が廃棄され、漆紙として再利用された。「面皰や黒子を治療する処方」を記した部分。

格式の高い一郭

六月坂地区は政庁のほぼ真北約三〇〇メートルにあり、Ⅲ期になってはじめて曹司として使われる（図50）。

東西道路の北には小規模の建物と竪穴住居群が点在するにすぎないが、道路の南にある曹司は二棟の四面廂付掘立柱建物（七間×四間）と付属する数棟の掘立柱建物群で構成される。主屋二棟は二〇メートル間隔をおいて東西対称に並ぶ。四面廂付建物は政庁正殿以外には例がなく、ここは格式の高い一郭であったとみられる。

しかし、Ⅳ期になると、二棟の四面廂付建物はとり払われ、多賀城の曹司域では唯一の

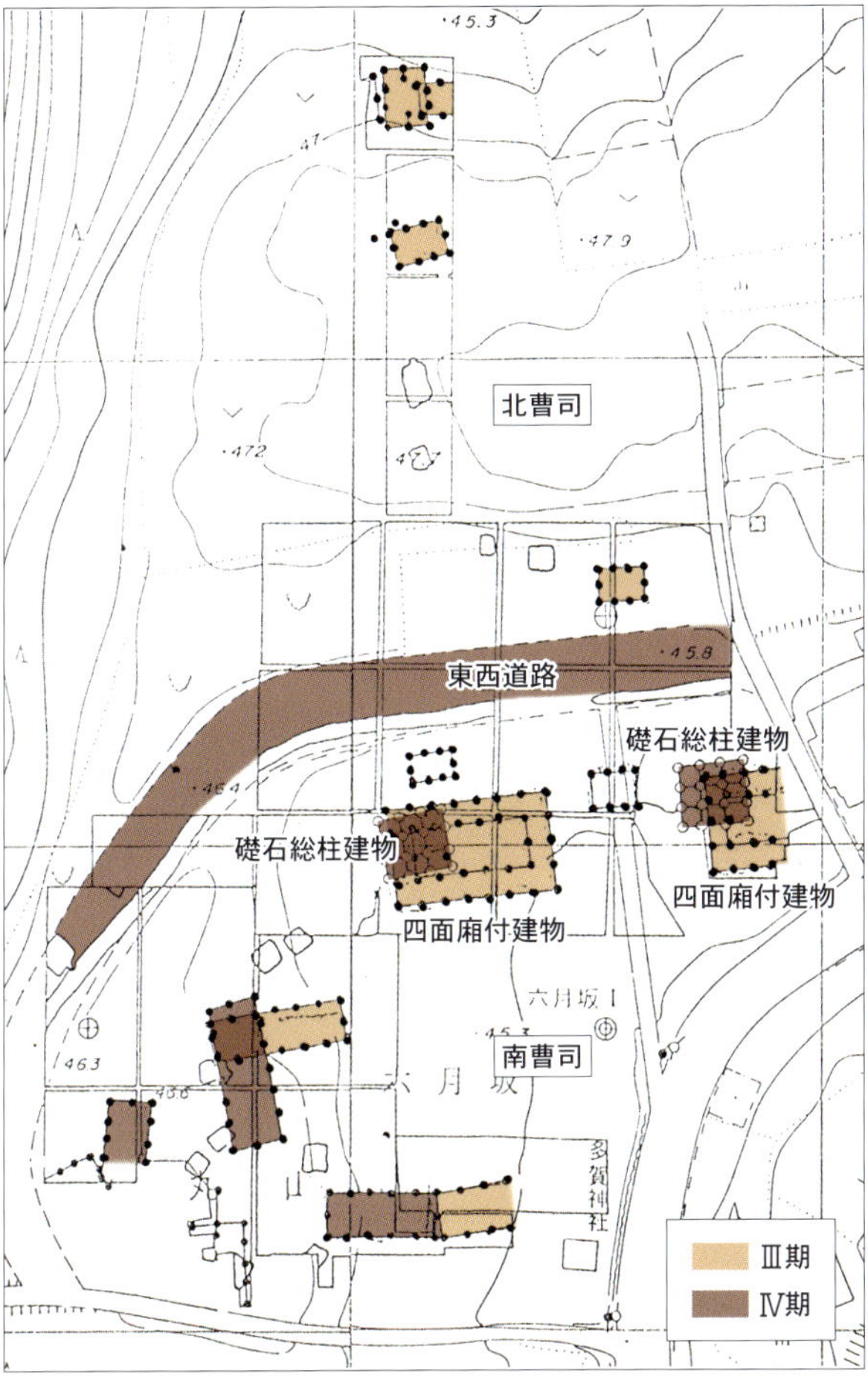

図 50 ● 六月坂地区の建物配置図
この地区はⅢ期から使われ、それ以前は広閑の地であった。東西に並ぶ２棟の四面廂付建物を主屋とする格式の高い曹司。Ⅳ期の主屋は、城内曹司域ではここだけにしかみられない礎石総柱建物である。

文書や器物を収めた庫とみられる礎石総柱建物（三間×三間）二棟が建てられる。この二棟を中心に、掘立柱建物数棟が付属する。

製銅工房と儀式用容器の保管庫

五万崎地区は、西門に至る東西道路で南曹司と北曹司に区分される。南曹司では一〇世紀初頭に大々的な整備がおこなわれる。池状遺構を埋め、厚い盛土整地をおこない、柱列塀で区画した掘立柱建物群が多数建築される。

この地区では多賀城ではめずらしい箱形製鉄精錬炉や製銅工房も営まれている。注目すべき遺物に、特殊な一群の土器群がある。金属器を模倣してヘラミガキした須恵器の稜椀《りょうわん》、蓋、高坏《たかつき》である。緑釉、灰釉陶器などとともに一括投棄されている。おそらく、この地区に儀式用の容器を保管した倉庫があったと思われる。

このほか金堀地区からは掘立柱建物群、塀跡で区画したトイレ遺構（図51）、竪穴住居群が発見されている。また日本初の漆紙《うるしがみ》文書《もんじょ》（計帳様《けいちょうよう》文書、図52）はこの地区の土壙から出土した。

図51 ● 金堀地区のトイレ便槽

図52 ● 漆紙文書
個人名と年齢を記した課税台帳。漆を汚れと乾燥から防ぎ、保存する容器の蓋紙として再利用された。

第5章　政治都市・国府域

1　多賀城南側の街区

南北大路と東西大路

多賀城の南前面には、一般集落とは隔絶された、国府多賀城を支えた政治都市が成立している（図53）。方格に地割され、外郭南門からのびる南北大路《なんぼくおおじ》と、南門から五四〇メートル（五町）で交差する東西大路《とうざいおおじ》を基準に設定されている（図54）。

南北大路は、Ⅰ期が幅一八メートルであったが、九世紀初頭には二三メートルに拡幅される。東西大路との交差点より南では、運河両岸に沿う幅三メートルの小道になる。

東西大路は、都から通じる東山道の延長であり、関東各地で調査されている東山道と同等の幅一二メートルである。自然堤防上に設定したため、南北大路に対し七度ほど西で北に振れる。大路は八世紀中ごろの土器を含む土壙をおおってつくられていることから、造成は八世紀後半とみられる。地割は南北大路に平行させて西一～西九、東一～東三小路《こうじ》の南北小路群を、東西大路に平行させて北一、南一小路を、南北大路にほぼ直交させて北二、北三、北二―三、南二、南一―二小路の小路群を設定している（図55）。そのため、小路間の距離は一一〇メートル～一四〇メートルとばらつきがあり、区画も平行四辺形や台形をなす。その原因は八世紀後半の東西大路の造成、九世紀初頭の東西大路に沿う地域の地割施行、九世紀後半の完成と段階的に整備されたためと考えられる。

　国府域の範囲は南北八〇〇メートル、東西が約一・五キロにおよぶ。

手工業を支えた特殊な地域

この国府域には、八世紀代では、方位

図 53 ● 国府域の町並み（方格地割）
こうした都ぶりの都市計画が施行された地方官衙は、大宰府、斎王宮、伊勢国府を挙げうるにすぎない。東西大路が南北大路に直交していないのは、東西にのびる自然堤防の微高地に設定されたからである。

図 54 ● 南北大路と東西大路
外郭南門から 540m の交差点上空から多賀城を望む。この両大路を基準にして国府域の方格地割がおこなわれている。

図 55 ● 国府域内の小路（山王遺跡八幡地区）
南北の小路がずれて交差している。

が統一された竪穴住居群が主体を占めている。古墳時代以降の古道に規制されたためらしい。竪穴住居群には漆工房（八幡・館前《たてまえ》・井戸尻地区、図56）や鍛冶工房の性格をもつものが多い。まだ方格地割は施行されていないが、一般集落とは異なり、国府多賀城の手工業を支えた特殊な地域であったとみられる。

九世紀初頭になると、幅五〜六メートルの小路で区画された地割が成立する。国府域内は国司館、郡の出張所、下級役人の住居が集中する地域になる。建物構成も掘立柱建物群に井戸がともなう構成に変わる。漆作業、鍛冶作業、さらに、獣の解体、皮革製作、角骨細工などの一連の作業も継続しておこなわれている。

2　国司の館

上級官人は国府域に住んだ

国府域に居住した上級官人は、平安時代の史料によると、陸奥出羽国按察使・記事《きじ》(按察使の属官)、国司である守《かみ》と国府の役人の介《すけ》、大掾《たいじょう》、小掾《しょうじょう》、大目《だいさかん》、少目《しょうさかん》二人のほか、国博士《くにのはかせ》、医師、史生《しせい》五人、守傔仗《かみけんじょう》(護衛官)など一八名である。

このほかに、管内から派遣されて常駐した郡司や仕人、文書の書手、紙・筆・墨・木簡・武器の作製などの雑用に従事した国衙徭丁《こくがようてい》七〇〇人ほどがいた。これに、国府の守備や労役に徴発された軍団兵士などが加わると、多賀城は三〇〇〇人に近い人びとの活動の場であったことが知られる。

四等官の国司の邸宅である「国司館」が国庁と別場所に邸宅を構えていたことは『令義解《りょうのぎげ》』

図 56 ● 漆工房の遺物
左下より、漆を塗る際に使用した皿と漆カキトリ用のヘラ、漆を漉した布。上は漆容器の復元品。

仮寧令外官聞喪条《けねいりょうげかんもんそうじょう》に、「およそ、外官及び使人、喪を聞かば、所在の官舎に安置することを聴せ。国郡の庁内にて哀を挙ぐるを得ざれ」という規定から知られる。また個々に邸宅を構えていたことは、万葉集の歌題（守館で詠める歌、介館で詠める歌）からもわかる。東西大路に面する地域からは国司館とみられるいくつかの遺構が発見されている。

国司館の姿

千刈田《せんかりた》地区の国司館は、西六・西七・北一小路に囲まれた東西大路に面する宅地で、一町を占める。九世紀後半から一〇世紀前半ごろまで四時期に変遷するが、一〇世紀初頭ごろの遺構が注目される（図57）。

建物配置は床張四面廂付建物（東西九間×南北四間）を

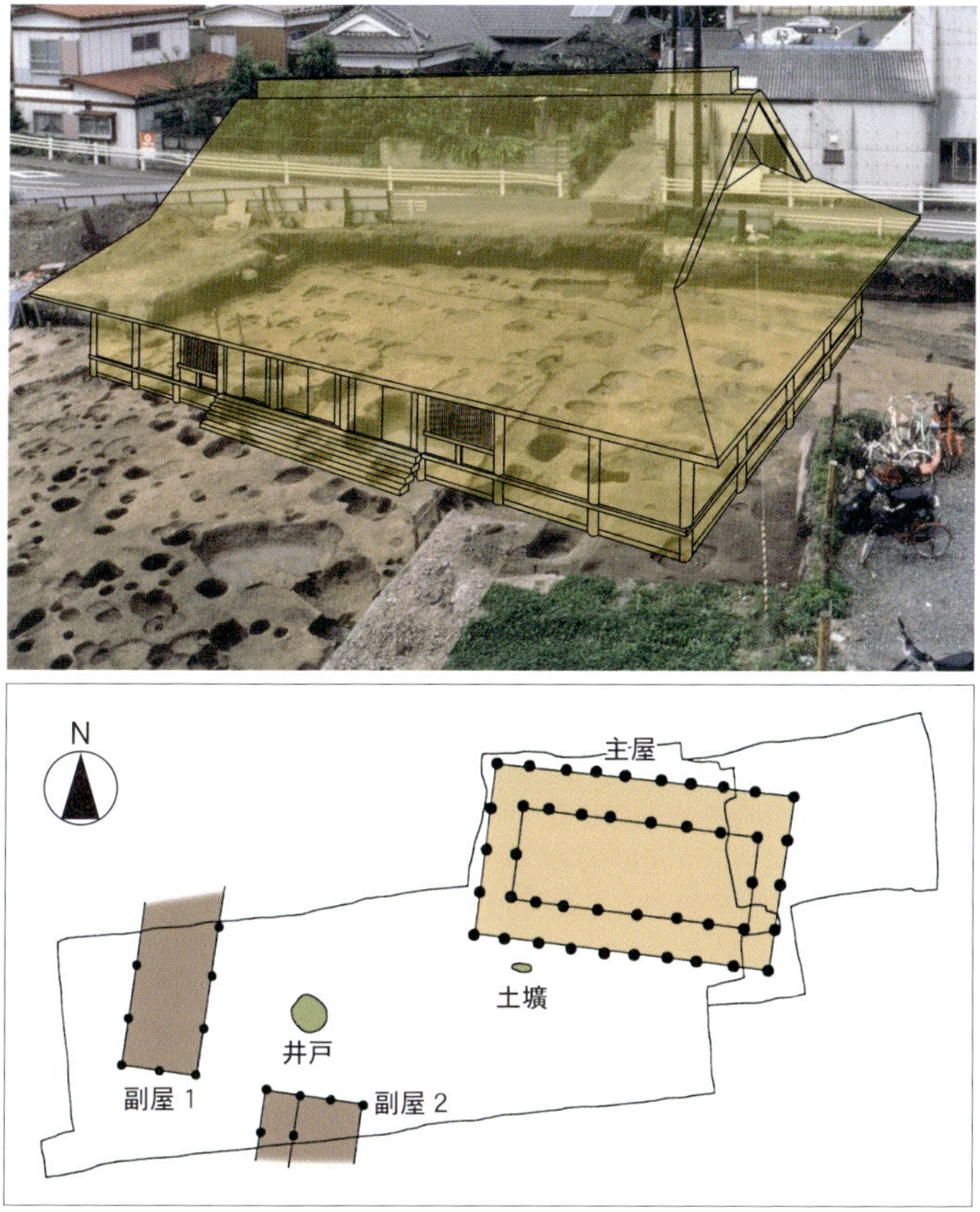

図 57 ● 国府域にある国司館の遺構（山王遺跡千刈田地区）
10 世紀初頭の邸宅で、主屋のほかに副屋、井戸などがある。
出土した図 58 の木簡が国司館と想定する決め手となった。

主屋とし、西側に方位を合わせた二棟の副屋《そえや》と半割刳抜材《はんかつくりぬきざい》を組み合わせた円形側板の井戸が付属する。

邸宅内からは青磁《せいじ》・白磁《はくじ》・褐釉陶器《かつゆうとうき》などの輸入陶器や尾《お》張《わり》猿投《さなげ》窯産・山城《やましろ》産の国産施釉陶器のほか、硯や水注《すいちゅう》が多量に出土している。

とくに、右大臣に餞馬《せんば》を贈った返抄《へんしょう》（領収文書）を収めた題籤軸木簡《だいせんじくもっかん》（図58）が注目される。右大臣就任に餞馬を贈ることができる官人の住まいとして、この遺構が国守館と想定する根拠となった。また、金泥が付着した硯もあり、邸宅で写経がおこなわれていたことを示している。

曲水宴用の溝と倉庫群

多賀前南区・北区でも国司館がみつかっている。いずれも九世紀中ごろの邸宅である。南区の国司館は西一・西二・南一小路で区画された東西大路に北面する。宅地内は廂付建物を主屋とし、東南と西南に小規模な副屋と刳貫枠の井戸をともなう。注目すべき遺構として、建物群を避けて蛇行する貯水枡を設けた「遣り水」遺構がある（図59）。

『万葉集』一九巻、天平勝宝二年三月三日には、越中守《えっちゅうのかみ》大伴宿禰家持《おおとものすくねやかもち》の館にての宴歌「漢人《からひと》

図58 ● 右大臣に馬を贈ったことを示す木簡
左の面に「餞馬収受」とある。右大臣就任に餞馬を贈った際の領収文書。897年に陸奥出羽按察使に任じられ、901年に右大臣に昇進した貴族に、源光がいる。

も、筏《ふね》を浮かべて、遊ぶてう、今日ぞわがせこ、花かづらせよ」がある。雛遊節会《ひなあそびせちえ》では、盃を流水に流し、不祥《ふしょう》を祓除《ばつじょ》する曲水宴《きょくすいのえん》がおこなわれた。建物群を避けて屈折する溝は曲水宴用とみられる。

また国司館と推定させる「守」墨書土器五点をはじめ、中国産の白磁・青磁の皿、黄釉褐彩水注、国産の緑釉・灰釉陶器などの高級品が出土している。

北区の国司館は西二・西三・北一小路で区画された東西大路に南面する宅地である。材木塀で南・中・北区に三分されている。南区では三面廂付建物を主屋とし、東と南に南北棟の副屋をおき、これらを囲むように八棟の倉庫が配置される。中区は北寄りにある東西棟建物を中心に、小規模な南北棟建物群と倉庫群、刳貫枠の井戸などで構成される。北区では、小規模の東西棟建物が確認されている。

なお、多賀前南区・北区で共通する構成上の特徴は、倉庫群が多いことである。これらは国司に支給される公廨稲《くがいとう》を収納した倉庫である可能性が高い。

図 59 ● 国司館の遣り水遺構
掘立柱建物群を避けて、曲がりくねって水路が設けられている。曲水宴に用いられた遺構とみられる。

官衙的な国司館

館前遺跡は多賀城東南隅から南約二町にあたる独立丘陵上にある（図2参照）九世紀後半から一〇世紀前半の上級官人の館である（図60）。中央の東西棟四面廂付建物（東西七間×南北四間）を主屋に、これと柱筋をそろえた前屋、後屋建物を、主屋の東に南北棟建物二棟、西に南北棟建物一棟の副屋を配置する。

また、多賀城外郭南門から約三五〇メートル真南の独立丘陵上にある大臣宮《おとどのみや》遺跡も、九世紀から一〇世紀の上級官人の館跡である。東西棟掘立柱建物跡四棟をみつけただけであったが、

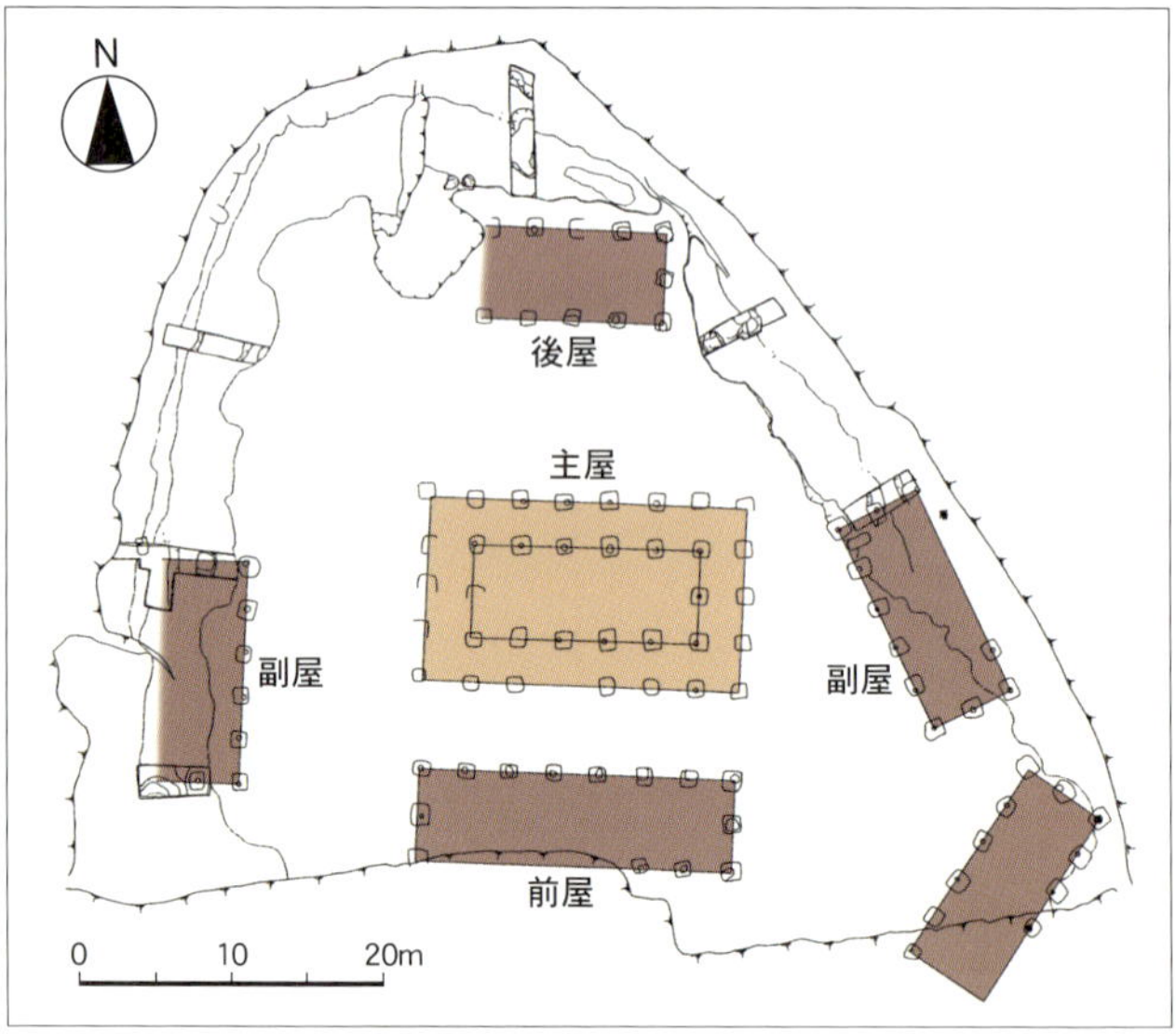

図60 ● 館前地区の国司館
9世紀後半の国司館跡と推定されている。独立丘陵の平坦地に四面廂付建物の主屋を中心に、前屋、後屋など掘立柱建物の副屋群5棟を配する。井戸や倉庫群がなく、官衙的な色彩も感じられる。

建物にはいく度かの建て替えがみられ、長期間邸宅として使用されていたと推測される。

3　郡の出張所・下級役人の住まい

つぎに郡の出張所と下級役人の住まいについてみていこう。

伏石《ふせいし》地区の井戸から出土した題簽軸木簡（図61）には、表面に「解文　案」、裏面に「会津郡主政益継」と書かれている。「主政」とは文書事務を担当する郡司の三等官で、国府に提出する文書の案文であることから、国府管下の諸郡の出張所的な施設の存在が想定される。

国府域から出土する墨書土器から知られる郡名には、江刺《えさし》、宮城、宮木《みやぎ》、宮郡《みやぐん》、賀美《かみ》、曰理《わたり》、宇《う》＝宇田《うだ》か、小田、名取、苅田、柴田、菊田、信夫、黒川（廃寺）、階上《はしかみ》（城内）などがある。

出張所の存在ばかりでなく、陸奥国府多賀城への物品貢納形態が郡単位であったらしいことは、磐城郡から粮穀《ろうこく》を進上した漆紙文書（七八〇年〔宝亀一一〕九月一七日文書）などをはじめ、数多くの出土漆紙文書からもわかる。

下級役人や国衙徭丁の住まいは、

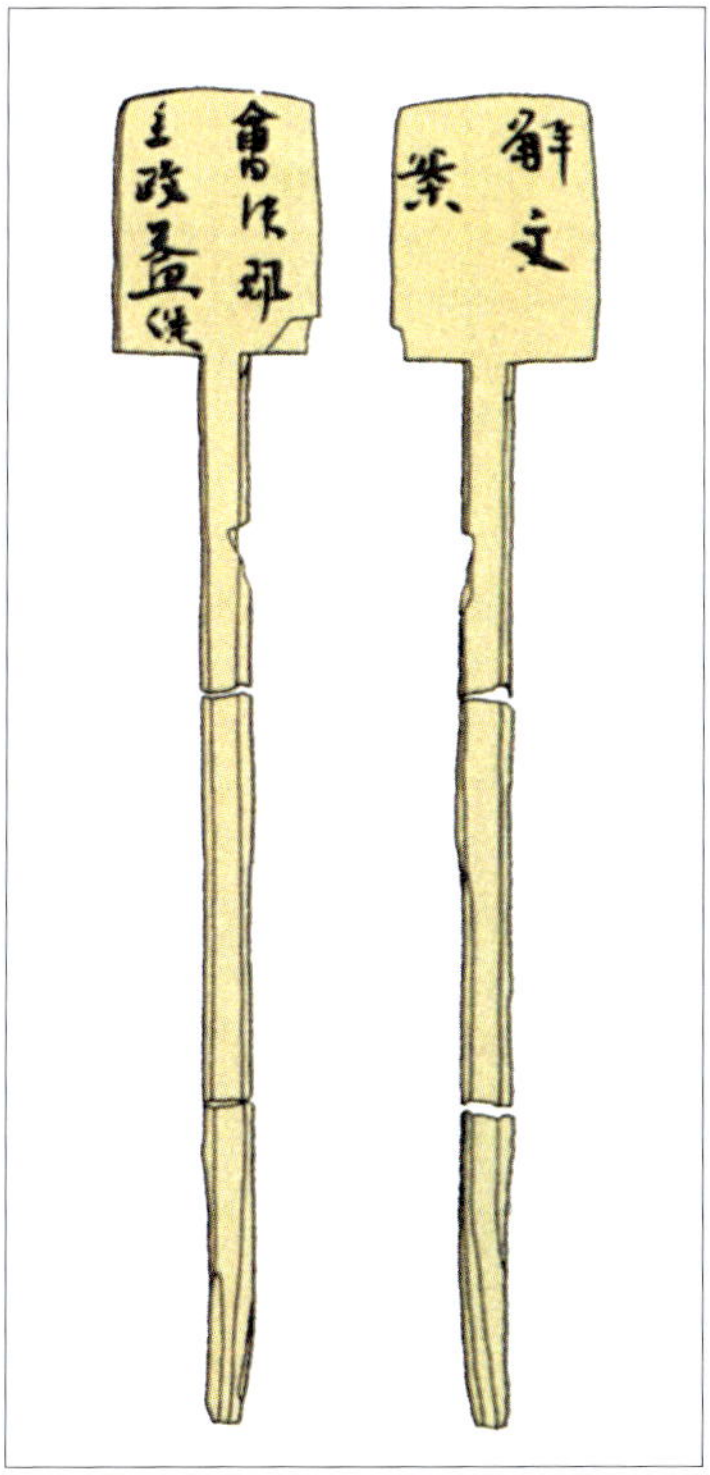

図61 ●郡にかかわる題簽軸木簡
郡司三等官である主政が作成した文書の案文。郡の出張所を推定させる貴重な資料である。

山王遺跡八幡地区（図62）や東西大路南の市川橋遺跡水入《みずいり》地区、東方の高平《たかひら》遺跡、多賀城廃寺に近接する弥勒《みろく》地区で発見されている。これらの遺構は二間×三間程度の掘立柱建物や竪穴住居、井戸、畑などで構成され、施釉陶器や硯なども出土することから、一般集落とは異なる。

国府域や曹司域から出土する硯には、須恵器の蓋や高台坏の裏面、甓《かわら》の凹面を転用したものが目立つ。下級役人や国衙徭丁など庶民クラスの居住の場であったと推定される。

4　さまざまな祭祀遺物

国府域からは、人面墨書土器、木製人形、呪文墨書土器、土馬《どば》、絵馬《えま》、卜骨《ぼっこつ》、斎串《いぐし》などさまざまな祭祀遺物が出土しており、国府主導の律令祭祀が盛んにおこなわれていたことがわかる。

人面墨書土器（図63）は土師器の小甕や須恵器坏の表面に二～四面の顔を描いた土器で、国府域からの出土量は破片も含めると四〇〇〇点を超える。『延喜式』には「大祓《おおはらえ》にあたり、坩《つぼ》に気息が憑《つ》く依代《よりしろ》の小石を入れ、息を吹きかけ、台盤所に留めて晦日《みそか》に水に流して、ツミやケ

図 62 ● 下級役人の住まい（山王遺跡八幡地区）
テープで囲んであるのが小規模の掘立柱建物群。付近からは緑釉陶器や灰釉陶器が出土する。国府の手工業を担った国衙徭丁などの下級役人の住まいと推定される。

ガレを祓う」とある。多賀前地区出土の須恵器坏には、「顔二面」と共に「丈部弟虫麻女代千収相」と個人名を記しためずらしいものもある。

多賀前地区出土の須恵器坏には、外面に「口上」、底部に「平」、内面に病気平癒の口上呪文を書いたものがある（図64）。このほか「☆」「井」などの呪記号を墨書したものもある。外郭の東辺南端部では表に「付進上

図 63 ●人面墨書土器
数個の小石を依代として息を吹きかけ、和紙で蓋をし、水に流した。出羽国府近くの俵田遺跡では、人面墨書土器に数本の人形が入った状態で出土した。

図 64 ●病気平癒祭祀の墨書土器（多賀前地区）
外面に病気平癒の口上を記し、内面に病の原因となる鬼の名や病気平癒の口上を記してある。

図 65 ●卜骨（多賀前地区）
牛や馬の肋骨を半切りし、方形の錐当部を連続してつくり、そこに火鑽を当て、その割れ方で吉凶を占った。

□□□□□」、裏に「急々律令須病人呑」と記した病気平癒に関する木簡も出土した。
ト骨（図65）は半切りした獣の肋骨の髄部を削りとり、四×七ミリの長方形の凹みを連続して二列につけたもので、凹み底面は焼けている。火鑽《ひきり》を押しつけ、割れ方で吉凶を占った。
このほか土馬と絵馬は祈雨に際して捧げるほか、祓にも使われた。一部を壊すことにより疫病神の活動を止めたり、あるいは、乗せて祓去るものとして使用された。

5　多賀城廃寺

大宰府観世音寺と同じ伽藍配置・寺号

国府鎮護のため、多賀城政庁と同時に多賀城創建瓦を用いて寺（多賀城廃寺）が建設されている（図66）。

伽藍の方向は外郭の南辺築地と一致する。伽藍配置は東に三重塔、西に東向きの金堂、北に講堂を配置する。中門（南門）から出る築地は講堂に接続し、塔金堂院を構成する。講堂の北左右に鐘楼・経楼、東蔵・西蔵を置き、講堂の北正面には軒廊で連結した僧房、さらにその北に小子房を配置する。

この塔金堂院の配置は、天智天皇が母である斉明天皇の追善のため発願し、七四六年（天平一八）に完成した大宰府の観世音寺と同一である。寺号は付近に残る地名から弥勒寺とする考えもあったが、山王遺跡東町裏地区から出土した「万灯会《まんとうえ》」に使用した土器のなかに「観音寺」の墨書土器が発見されたことから（図67）、大宰府と同じ寺号であったことが確定した。菅原道真《すがわらみちざね》の詠歌には「都府楼はわずかに瓦の色を看、観音寺はただ鐘の声を聴く」とあり、観世音寺が一般に観音寺と呼称されていたことがわかる。

塑像と泥塔

多賀城廃寺からは瓦類（Ⅰ期、Ⅱ期、Ⅳ期）、土器類（須恵器、土師器、緑釉陶器、灰釉陶器）、塑像、泥塔《でいとう》、そのほかに九輪《くりん》、布、木器、漆器、陽物《ようぶつ》、瓦硯《がけん》などが出土している。瓦類ではⅢ期の瓦がほとんどみられないので、寺院は伊治公呰麻呂の乱の火災から免れたとみられる。土器にはわずかながら、平泉《ひらいずみ》期の皿があり、一二世紀ごろまで寺院は存続したらしい。施釉陶器では八世紀末の鳴《なる》

図 66 ● 多賀城廃寺伽藍模型
東に三重塔、西に東向きの金堂、北に講堂を配置する。中門（南門）から出る築地は講堂に接続し、塔金堂院を構成する。講堂の北左右に鐘楼・経楼、東蔵・西蔵を置き、講堂の北正面には軒廊で連結した僧房、さらにその北に小子房を配置する。この塔金堂院の配置は、大宰府の観世音寺と同一である。

海《み》三二号窯式の水瓶、九世紀の黒笹《くろざさ》九〇号窯式、七八号窯式、折戸《おりど》一〇号窯式、一一世紀の美濃《みの》多治見《たじみ》窯産の長頸瓶《ちょうけいへい》など各期の東海産陶器がある。

講堂出土の塑像は破片資料であるが、東北大学亀田孜氏の鑑定によれば、菩薩像の台座蓮弁、吉祥天か弁財天の頭部、邪鬼の爪、瓔珞《ようらく》か天衣《てんい》の一部があるという。

また、二六九四個と日本でもっとも多く出土した泥塔（図68）は講堂に奉納されていたものである。五輪部と塔身部からなる。五輪部は二枚の合型づくりで、同一型で製作されている。塔身部には長さ三センチ、直径八ミリの空洞があり、内面は焼けて黒色化している。なかにねじられた状態で炭化物がみられる。真言《しんごん》陀羅尼経《だらにきょう》が納められていたと推定されている。

図 67 ●「観音寺」墨書土器
山王遺跡東町裏地区出土の 200 点を超える土器の一つ。国府と寺院が共同でおこなった万灯会で使用されたもの。寺号は多賀城廃寺をさす。

図 68 ●泥塔
陀羅尼経の紙本経を納めた素焼きの土製小塔。多賀城廃寺周辺から 2694 個出土した。

第6章　多賀城の終焉

多賀城の官衙機能の充実

以上みてきたように、律令国家は、古代をとおして多賀城を中心に東北政策を展開してきた。養老・神亀年間（七一七〜七二九年）の多賀城は、全国に設置された恒常的な国府であるばかりでなく、陸奥国・出羽国を広域に治める按察使の府と軍事を司る鎮守府を併置するかたちで建設された。そして、八世紀中ごろの天平宝字年間（七五七〜七六五年）には、藤原仲麻呂の政権下で、より北の「胆沢の地」を支配するための東北一円化政策がとられる。つまり、秋田城を全面的に改修し、陸奥国では桃生城が、出羽国では雄勝城が設置される。

この政策は蝦夷との軋轢を生み、七七四年（宝亀五）には「三八年戦争」が勃発する。この抗争は九世紀初頭にはおさまり、胆沢の地は律令国家の支配に入る。以降、陸奥国では国府多賀城と鎮守府胆沢城による二元支配体制が、出羽国では国府と雄勝・秋田二城による支配体制が確立する。この段階で、東北の城柵の実務官衙が一段と充実する。

しかし不思議なことに、九世紀後半、蝦夷が秋田城を襲撃した元慶の乱にかかわる秋田城の記事を最後に、文献史料から城柵に関する記載が消えてしまう。その原因はいままで、律令体制が衰微し城柵の存在意義が喪失したと考えられてきた。ところが、多賀城や胆沢城の発掘調査が進むにつれて、九世紀末から一〇世紀初頭にかけて官衙が充実するのがわかってきた。

多賀城では、前章でみたように、五万崎地区では一〇世紀初頭に官衙建物が爆発的に増加し、国府域で国司館が盛んに建設される。鎮守府胆沢城でも、官衙機能の指標となる厨院の大規模な整備がおこなわれている。こうした歴史を明らかにしたのは考古学的発掘調査の成果である。

まぼろしの多賀国府

しかし、隆盛をきわめた多賀城も、一〇世紀後半には急速に機能を失ったようだ。政庁で一〇世紀前半（九三四年以前）の火山灰降下後に改修された建物は一時期があるだけで、実務を扱う曹司も維持されなくなり、政庁と曹司を画する築地も崩壊し再建されていない。多賀城を支えた国府域の町並みもほぼ同時期に姿を消している。胆沢城も一〇世紀中ごろ、秋田城も一〇世紀末ごろに廃絶したとみられている。

古代東北の行政・軍事の拠点であった多賀城は一〇世紀後半に終焉したとみてよい。一〇世紀中ごろより、実質的な地方行政は目代や在庁官人に委ねられる方式、いわゆる遙任《ようにん》制が盛んになる。国司派遣にもとづく中央集権的な直接支配から間接支配へと変質していくのである。

ところが、多賀城の終焉から約二〇〇年ほど後のことである。平安時代末期の藤原頼長の

『台記《たいき》』や『吾妻鏡《あずまかがみ》』などの史料に、「多賀国府」という行政組織がしばしば登場する。しかし、多賀城で半世紀以上も発掘調査が続いているにもかかわらず、多賀国府の存在を証明するに足る遺構はいまだ発見されていない。中世の多賀国府の所在と実態の解明は今後の大きな課題として残されている。

今後も解明が進む多賀城

わたしが多賀城の調査にはじめて参加したのは一九六四年、東北大学二年生のときであった。その後、一九七〇年には宮城県多賀城跡調査研究所の所員となり、半世紀にわたり多賀城跡の調査にかかわってきたことになる。

本書では、そのなかでわかってきた多賀城の構造と構成を中心に解説してきた。

多賀城跡では現在も発掘調査が続けられ、膨大な資料が蓄積されている。とくに、多賀城南外の微高地では木製品や祭祀関係の遺物が大量に出土し、当時の生活を復元する貴重な手がかりとみられている。また、I期の様相の解明も進められている。どんな新たな知見がえられるか楽しみである。

図69 ● 整備された曹司域・作貫地区の掘立柱建物群

参考文献

青木和夫・岡田茂弘『古代を考える　多賀城と古代東北』吉川弘文館、二〇〇六
阿部義平「国府の類型について」『国立歴史民俗博物館研究報告』第一〇集、一九八六
石松好雄・桑原滋郎『古代日本を発掘する四　大宰府と多賀城』岩波書店、一九八五
今泉隆雄「古代国家と郡山遺跡」『郡山遺跡発掘調査報告書　総括編（1）』二〇〇五
鬼頭清明「国司の館について」『国立歴史民俗博物館研究報告』第一〇集、一九八六
熊谷公男『日本史リブレット　蝦夷の地と古代国家』山川出版社、二〇〇四
佐藤敏幸「陸奥の城柵の構造」『宮城考古学』第一一号、二〇〇九
平川　南『古代地方木簡の研究』（「第六集　木簡と信仰」）吉川弘文館、二〇〇三
水野清一・小林行雄編『図解　考古学辞典』（「王莽鏡」の項）東京創元社、一九五九
仙台市教育委員会『郡山遺跡発掘調査報告書　総括編（1）』二〇〇五
仙台市教育委員会『長町駅東遺跡第四次調査』二〇〇七
多賀城市『多賀城市史第一巻　原始・古代・中世』一九九七
多賀城跡調査研究所『年報　多賀城跡』一九八〇～二〇〇八
多賀城跡調査研究所『多賀城跡政庁跡　本文編』一九八二
宮城県教育委員会『山王遺跡Ⅱ』宮城県文化財調査報告書一六七集、一九九五
宮城県教育委員会『山王遺跡Ⅳ』宮城県文化財調査報告書一七一集、一九九六
宮城県教育委員会『多賀城跡調査報告書Ⅰ　多賀城廃寺跡』吉川弘文館、一九七〇

特別史跡　多賀城跡

・宮城県多賀城市市川・浮島ほか
・JR東北本線国府多賀城駅下車徒歩約10分（多賀城碑まで）

多賀城の中核をなす政庁、その周囲の曹司域、多賀城碑、南面の国府域、さらに多賀城廃寺などが分布し、各地区で整備された遺構・野外展示などを見学してまわることができる。

東北歴史博物館

・宮城県多賀城市高崎1―22―1
・電話　022（368）0106
・開館時間　9：30～17：00（入館は16：30まで）
・休館日　月曜日（祝祭日の場合は翌日）・年末年始（12月29日～1月4日）・臨時休館日あり
・入館料　大人400円、小・中・高校生無料
・交通　JR東北本線国府多賀城駅下車すぐ、JR仙石線多賀城駅下車徒歩約25分あるいはタクシー約7分

東北地方の歴史と文化を総合的にとらえ研究・展示する博物館。総合展示室の「古代」の「城柵とエミシ」「多賀城とその周辺」コーナーで、多賀城にかかわる重要な出土遺物と当時の復元模型などを展示している。特別史跡多賀城跡を歩く前にぜひ見学したい。

東北歴史博物館

多賀城市埋蔵文化財調査センター

・宮城県多賀城市中央2―27―1
・電話　022（368）0134
・開館時間　9：00～16：30（入館は16：00まで）
・休館日　月曜日・祝祭日の翌日・年末年始（12月28日～1月4日）
・入館料　無料
・交通　JR仙石線多賀城駅下車徒歩約7分

2階常設展示室にて、「古代都市多賀城」をテーマに、「古代都市の発見」「都市建設のはじまり」「都市で暮らす人々」「まつり・祈り・祓い」「生活の道具」のコーナーで出土遺物と解説パネルを展示している。

郡山遺跡

・宮城県仙台市太白区郡山
・交通　地下鉄長町駅・JR東北本線長町駅下車徒歩約20分

現地に写真入りの解説板等があり、遺跡の規模などを知ることができる。青葉山公園内にある仙台市博物館の常設展示で、出土遺物の一部を展示している。

刊行にあたって

「遺跡には感動がある」。これが本企画のキーワードです。

あらためていうまでもなく、専門の研究者にとっては遺跡の発掘こそ考古学の基礎をなす基本的な手段です。また、はじめて考古学を学ぶ若い学生や一般の人びとにとって「遺跡は教室」です。

日本考古学では、もうかなり長期間にわたって、発掘・発見ブームが続いています。そして、毎年厖大な数の発掘調査報告書が、主として開発のための事前発掘を担当する埋蔵文化財行政機関や地方自治体などによって刊行されています。そこには専門研究者でさえ完全には把握できないほどの情報や記録が満ちあふれています。しかし、その遺跡の発掘によってどんな学問的成果が得られたのか、その遺跡やそこから出た文化財が古い時代の歴史を知るためにいかなる意義をもつのかなどといった点を、莫大な記述・記録の中から読みとることははなはだ困難です。ましてや、考古学に関心をもつ一般の社会人にとっては、刊行部数が少なく、数があっても高価なその報告書を手にすることすら、ほとんど困難といってよい状況です。

いま日本考古学は過多ともいえる資料と情報量の中で、考古学とはどんな学問か、また遺跡の発掘から何を求め、何を明らかにすべきかといった「哲学」と「指針」が必要な時期にいたっていると認識します。

本企画は「遺跡には感動がある」をキーワードとして、発掘の原点から考古学の本質を問い続ける試みとして、日本考古学が存続する限り、永く継続すべき企画と決意しています。いまや、考古学にすべての人びとの感動を引きつけることが、日本考古学の存立基盤を固めるために、欠かせない努力目標の一つです。必ずや研究者のみならず、多くの市民の共感をいただけるものと信じて疑いません。

著者紹介

進藤秋輝（しんどう・あきてる）

1943年、秋田県生まれ
東北大学大学院文学研究科修士課程修了
元東北歴史博物館館長
主な著作　「多賀城発掘」（『古代を考える　多賀城と古代東北』吉川弘文館）、「多賀城創建をめぐる諸問題」（『東北古代史の研究』吉川弘文館）、「東国の守り」（『歴史考古学を学ぶ　上』有斐閣）ほか

写真所蔵・承認

宮城県多賀城跡調査研究所所蔵および東北歴史博物館承認：図2・3・5・19・20・23・24（上）・26・27・29・33・34・35・36・37・38・39・40・41・42・45・51・52・69
東北歴史博物館所蔵および承認：図28・31・32・47・48・55・56・59・62・63・64・65・66・68
多賀城市教育委員会：図54・57・58・60・67
仙台市教育委員会：図8・9・10・13・14・15・17・18
秋田県教育委員会：図24（下）
奈良文化財研究所：図7

図版出典

図1：国土地理院50万分の1地方図「東北」（一部改変）
図12：仙台市教育委員会『仙台市郡山遺跡発掘調査報告書　総括編（1）』2005年、第229図（一部修正）
図16：同上の付章図3・7（一部修正）
図61：『宮城県多賀城跡調査研究所年報1980　多賀城跡』

上記以外は著者

シリーズ「遺跡を学ぶ」066

古代東北統治の拠点・多賀城《たがじょう》

2010年2月25日　第1版第1刷発行
2016年9月25日　第1版第2刷発行

著　者＝進藤秋輝

発行者＝株式会社 新 泉 社
東京都文京区本郷2-5-12
振替・00170-4-160936番　TEL03（3815）1662／FAX03（3815）1422
印刷／萩原印刷　製本／榎本製本

ISBN978-4-7877-1036-9　C1021

シリーズ「遺跡を学ぶ」

第1ステージ（各1500円＋税）

13 古代祭祀とシルクロードの終着地　沖ノ島　弓場紀知
20 大仏造立の都　紫香楽宮　小笠原好彦
21 律令国家の対蝦夷政策　相馬の製鉄遺跡群　飯村　均
28 泉北丘陵に広がる須恵器窯　陶邑遺跡群　中村　浩
41 松島湾の縄文カレンダー　里浜貝塚　会田容弘
44 東山道の峠の祭祀　神坂峠遺跡　市澤英利
46 律令体制を支えた地方官衙　弥勒寺遺跡群　田中弘志
52 鎮護国家の大伽藍　武蔵国分寺　福田信夫
58 伊勢神宮に仕える皇女　斎宮跡　駒田利治
67 藤原仲麻呂がつくった壮麗な国庁　近江国府　平井美典
69 奈良時代からつづく信濃の村　吉田川西遺跡　原　明芳
76 遠の朝廷　大宰府　杉原敏之
82 古代東国仏教の中心寺院　下野薬師寺　須田　勉
84 斉明天皇の石湯行宮か　久米官衙遺跡群　橋本雄一
85 奇偉荘厳の白鳳寺院　山田寺　箱崎和久
95 東アジアに開かれた古代王宮　難波宮　積山　洋

第2ステージ（各1600円＋税）

101 北のつわものの都　平泉　八重樫忠郎
102 古代国家形成の舞台　飛鳥宮　鶴見泰寿
106 南相馬に躍動する古代の郡役所　泉官衙遺跡　藤木　海